亚热带多雨区公路边坡新型生态修复技术与实践

秦晓春　吕大伟　著

徐洪磊　审

人民交通出版社股份有限公司

北　京

内 容 提 要

本书引入新型功能材料，主要开展适宜亚热带多雨区气候特征和土壤特性的公路边坡生态修复技术研究，利用有利于坡面稳定和水土保持的植物，加强对公路边坡的保护，增强边坡表层土体的稳定性并降低雨水的侵蚀作用对坡面的危害，在实现坡体结构安全防护和水土保持的同时加强了对生态环境的保护，形成工艺简便、针对性强、经济合理、效果显著的公路边坡生态修复技术。

本书可供从事公路工程科研、设计、施工人员参考使用。

图书在版编目(CIP)数据

亚热带多雨区公路边坡新型生态修复技术与实践 / 秦晓春，吕大伟著. —北京：人民交通出版社股份有限公司，2021. 12

ISBN 978-7-114-17151-2

Ⅰ. ①亚… Ⅱ. ①秦…②吕… Ⅲ. ①亚热带—多雨气候—地区—公路路基—边坡—生态恢复—研究 Ⅳ. ①U418. 5

中国版本图书馆 CIP 数据核字(2021)第 049326 号

Yaredai Duoyuqu Gonglu Bianpo Xinxing Shengtai Xiufu Jishu yu Shijian

书　　名：**亚热带多雨区公路边坡新型生态修复技术与实践**

著 作 者：秦晓春　吕大伟

责任编辑：朱明周

责任校对：孙国靖　扈　婕

责任印制：张　凯

出版发行：人民交通出版社股份有限公司

地　　址：(100011)北京市朝阳区安定门外外馆斜街 3 号

网　　址：http://www.ccpcl.com.cn

销售电话：(010)59757973

总 经 销：人民交通出版社股份有限公司发行部

经　　销：各地新华书店

印　　刷：北京交通印务有限公司

开　　本：720×960　1/16

印　　张：9.25

字　　数：114 千

版　　次：2021 年 12 月　第 1 版

印　　次：2021 年 12 月　第 1 次印刷

书　　号：ISBN 978-7-114-17151-2

定　　价：40.00 元

编写委员会

秦晓春　吕大伟　徐洪磊　王玉文

刘　杰　张　楠　赵　明　程逸楠

王　超　高嘉蔚　华开成　房梦杰

前　　言

高速公路建设过程中，不可避免地会对沿线边坡造成破坏，一般呈现为地表裸露、结构不稳定、立地条件差、生态系统难以自然恢复，留下了水土流失和滑坡的隐患，严重影响公路的运营安全，而且对边坡生态系统造成巨大破坏。习近平主席强调建设生态文明，功在千秋。公路建设要树立和践行“绿水青山就是金山银山”的理念，坚定不移走生态优先、绿色发展之路。《交通强国建设纲要》提出要强化交通生态环境保护，严格实施生态修复，将生态环保理念贯穿交通基础设施规划、建设、运营和养护全过程。新时代背景下，加强绿色生态公路建设已成为践行生态文明理念和交通强国战略的重要载体。公路边坡生态修复，对于保护边坡稳定、恢复生态环境、提升工程品质具有重要意义。

亚热带多雨区高陡边坡生态修复是公路建设者十分关心但又尚未完全解决好的问题。亚热带多雨区内广泛地分布着红黏土，红黏土边坡在雨季常常会出现边坡冲蚀、边坡崩塌、坡面溜塌等病害，针对其土壤特性和稳定性特征，亟须从安全性、抗冲刷性、协调性、经济性等方面对亚热带多雨区边坡进行生态修复研究。

本书的编写基于水溶性聚氨酯(W-OH材料)、抗侵蚀固土剂和人造壤土剂三种新型功能材料的研发，围绕三种新型边坡生态修复技术不同基材配比及作用效果的试验研究，介绍了不同基材配比对植物生长、水土及养分保持的影响规律，通过边坡生态修复技术方案对比、养护与跟踪监测，明确了亚热带多雨区边坡生态修复的生态效益和固土效益，结合三种新型生态修复技术在广东省惠清高速公路的成功实践经验，对亚热带多雨区边坡生态修复效果进行综合评价。

在本书编写过程中,张肖宁教授、关昌余教授对相关研究工作提出过很多有价值的建议;作者团队研究生张楠、房梦杰、孟范彤等人协助完成了大量编辑工作,在此向他们表示衷心感谢!另外,作者对其他同仁、朋友在本书相关研究工作和出版过程中给予的支持和帮助一并致以由衷的谢意!

感谢国家自然科学基金面上项目(51878039、52078034)、广东省交通运输厅科技项目(科技-2016-02-044)对本书编写提供的支持。

希望本书的出版能为边坡生态防护提供一些新思路,也为学界同仁提供有益的参考。由于作者水平有限,本书内容只是相关领域诸多研究内容的沧海一粟,难免存在差错与不足,敬请有关专家和广大读者批评指正。

作　者
2021 年 3 月

目　　录

第1章　绪　　论

1.1　公路边坡

伴随着国民经济的飞速发展,我国基础设施不断完善,公路、铁路等交通基础设施网络建设取得了明显成就。截至2020年底,我国公路总里程达519.81万km,其中高速公路里程为16.10万km[1],位居世界首位。公路设施建设的不断完善,为全国各地之间的沟通交流创造了更为安全、通畅、便捷和高效的交通条件,对促进区域间社会和经济发展起到了积极的推动作用。在高速公路的建设过程中,受空间位置、地质条件和自然环境的影响,高填和深挖作业往往会形成大量的高陡人工边坡,导致坡体表层土壤剥离、植物覆盖层破损退化、基岩裸露,进而引发边坡水土流失,甚至会出现山体滑坡、泥石流等地质灾害,不仅严重影响了公路的运营和人民群众的生命财产安全,而且也会对沿线生态系统造成巨大破坏[2]。

公路边坡是公路工程建设所形成的具有一定角度的斜坡、坡岸和坡地。土质边坡是坡面具有较厚土壤层的边坡。土质边坡的裂隙发育明显,抗冲刷性能弱,坡面土体极易被坡面径流携带流失。土石混杂边坡是坡体表面土体中含有较多风化岩石的边坡,抗冲刷性能差,且由于风化岩石体的存在和土壤含量较少,坡面土壤营养含量不充分,不能直接进行植物种植,需要采取必要的措施为植物生长提供前期生长基质和长期有效的养分供应。

为了保证边坡稳定与安全,传统做法是采用一些工程防护措施,如浆砌块石、浆砌片石、喷射混凝土等。传统意义上的公路边坡防护所采取的保证坡体稳定性的必要措施，一般以混凝土等硬性材料为主要材料，通常只考虑坡体力学结构上的稳定性，存在着植被恢复困难、生态破坏严重、景观协调性差和一次性投资大等缺点。公路边坡生态修复技术可以实现坡体结构安全防护和水土保持，增强坡体稳定性，同时满足环境保护的要求。

1.2　公路边坡生态修复

党的十九大报告明确指出，建设生态文明是中华民族永续发展的千年大计，要坚持人与自然和谐共生，树立和践行绿水青山就是金山银山的理念，像对待生命一样对待生态环境。《交通强国建设纲要》提出要强化交通生态环境保护，严格实施生态修复、地质环境治理恢复与土地复垦，将生态环保理念贯穿交通基础设施规划、建设、运营和养护全过程。将生态文明理念引入交通行业是新时代背景下新的要求，绿色交通发展已上升到行业战略层面，加强绿色生态公路建设已成为提升绿色交通质量、践行交通强国战略的重要载体。传统单纯从安全功能和工程技术角度出发开展公路边坡工程性防护的思路，已远不能适应时代的要求。以生态、环保为特征的高速公路边坡生态防护是新时代绿色交通发展的必然选择，生态修复在高速公路边坡防护领域变得日益重要。

近些年来，随着行业需求的不断变化和科技水平的日益提升，我国各地针对高速公路边坡生态修复技术开展了一定的研究并形成了一些较为成熟的边坡生态修复技术，如客土喷播技术、生态袋叠砌绿化技术、植生毯防护技术、挂网喷播技术等。不同公路建设项目所在地区不同，自然环境、土壤生态和气候环境也存在着差异，针对不同建设项目所采用的边坡生态修复技术也因地区差异而有所区别。特别是对于具有特殊气候和地理条件的区域，采用适宜的生态防护措施对于边坡的安全稳定、水土保持和植物群落重建至关重要。

我国华南地区属于亚热带季风型气候，降水量充沛，区域内广泛地分布着红黏土，由于红黏土的干缩效应明显、含水率高、相对强度较高及遇水易软化的特点，红黏土边坡在雨季常常会出现边坡安全失稳事故，对于华南多雨区则危险系数更高。红黏土具有高孔隙率、多细粒、低压实度、高压缩性和高塑性等特点，在自然状态下，红黏土的含水率较高，且随着土体埋深的增加而升高，较高的含水率导致土体由硬变软，强度随之下降。亚热带多雨区公路边坡复杂的工程力学特性加大了坡体的防护和修复难度，小规模的剥落破坏和浅层溜塌滑坡现象频繁出现。由于亚热带多雨区边坡存在水土流失严重、抗冲刷性能差、植物种子易被冲刷、土壤养分供应不足等修复难点，我国针对边坡的土体特性和病害特征开展了较为深入的研究，虽然应用传统生态修复技术取得了一定效果，但仍存在土壤结构薄弱易被冲刷破坏、返工率高、植物返青复绿效果差和施工成本较高等问题。针对亚热带多雨区气候特征，如何切实有效地进行边坡生态修复是亟须解决的问题。因此，引入新型功能材料，开展适宜亚热带多雨区气候特征和土壤特性的公路边坡生态修复技术研究，形成工艺简便、针对性强、经济合理、效果显著的边坡生态修复技术势在必行。

1.3　公路边坡生态修复技术研究现状

1.3.1　边坡生态修复技术研究

在国外，日本的边坡生态修复技术研究最为先进。由于山地多，且早期公路项目的建设过程造成了大面积的荒地遗留问题。日本早在1633年采用铺草皮的方式来处理荒地遗留问题，这被视为日本边坡生态修复技术的起源。20世纪30年代，边坡植物防护技术被引入北美及中欧等地区，主要被用于农林业和公路工程建设等行业的水土流失防治工作当中[3-4]。之后不久，欧美发达国家逐渐认识到公路建设项目中边坡生态修复和环境治理的重要性，对边坡生态修复及植被防护的相关研究也随之开展。美国 R.H. Moorish 带领团队于 1943 年开展了公路两侧草皮种植实验，同期进行了种子种类、播种时间和不同种子协调组合的实验研究，得出了草皮护坡的相关方法和经验[5]。紧随其后，美国 Finn 公司于 1953 年最先研发了草种喷播机，随后得到了快速的推广应用，带动了草种喷播技术在公路边坡生态恢复和植被防护措施中的普及与应用[6]。M.T. Mcelroy 首次系统地研究了边坡生态修复后的养护管理措施，为边坡生态修复技术的养护管理方面的研究奠定了基础[7]。之后，边坡生态修复技术的研究和应用进入高速发展期。

20 世纪 50 年代之后，世界各国对公路建设的需求增大，建设速度也不断加快，随之而来的生态环境负面影响也越来越被行业所关注，在公路建设过程中采取生态环境保护措施受到了更多的重视。对此，美国根据以往经验和标准措施，制定了《高速公路绿化技术标准》，通过制度化和法律化的要求来加强公路建设过程中生态防护和土地资源的保护，要求边坡治理遵循“以自然为主，辅以人工措施”的原则，减小对边坡生态的破坏[8]。同期，日本通过借鉴其他国家的成果和经验，形成了一套基于本国环境特点的边坡生态修复技术体系[9-10]。川端永作于 1951 年开展了将外来草种用于公路边坡生态防护的实验研究，开发了可用于道路坡面防护的植生盘技术，是将牧草等用于边坡生态防护的起源[11]。之后，日本京都大学农学部研究开发了种子喷射法，并通过现场边坡的喷射实验验证了该项技术的适用性，随后这一技术被广泛地应用于公路路堑边坡的生态修复中。1960 年，美国研究的液压喷播技术被日本引进并加以改进，基于日本的生态环境特点和地理地质情况，将其在公路边坡的生态修复中进行了广泛应用[12]。20 世纪 70 年代初，日本绿地工程学会的成立标志着边坡生态防护技术作为兼具生态恢复和环境保护功能的措施受到日本国内的重视[13-14]，边坡生态防护技术的研究和应用进入了新的飞速发展阶段。1973 年至 1975 年间，日本先后研发了纤维土绿化技术和连续纤维植物防护技术，这是最早的岩质边坡生态修复技术，在工程实践中取得了显著成效，同时为厚层基质喷播技术的形成奠定了基础[15]。但应用后，发现上述技术存在着施工前期基质呈弱酸性，不利于草种存活和发育，以及选用的砂土易流失的问题[15]。为解决上述问题，日本于 1983 年开发形成了高次团粒 SF❶ 绿化技术，通过改良土壤环境和 pH 值，增强了保水性能和抗侵蚀性能，并进行了大量的应用，40 年左右时间施工应用面积达 200 万 m^2。之后，针对路基和路堑边坡的施工环境的差异，日本研究并提出了一系列边坡生态修复措施，如表土培养技术、绿化覆盖技术、岩盘绿化技术等[16-17]。到 20 世纪末，日本研发的土壤菌永久绿化技术替代了传统的人造土壤技术，以加速岩石土壤化的方式促进植物的生长和养分的长效供给[18]。目前，日本拥有众多边坡生态修复技术国际专利，其相关研究仍处于国际尖端水平。

同时，在泰国等国家，边坡生态修复技术的研究也发展迅猛，对区域协调发展和生态平衡发挥了重要作用，香根草护坡技术凭借其优良的生物特性和根系抗拉特性得到了广泛的应用[19]。

发达国家边坡生态修复技术的研究和发展经历了从简单喷播绿化到生态防护、机械化防护的技术体系完善过程，以边坡近自然恢复为目标，注重与本地特点结合，形成了一系列的创新性技术。其中，日本的边坡生态修复理念和技术更为先进，值得我国科研工作者研究借鉴[20-21]。

我国对边坡生态修复技术的研究起步较晚，但也经历了从手工作业到机械化作业的过程。我国的早期边坡防护技术主要借鉴园林生

---

❶ SF：Soil flock。

态学的思路，采用草籽撒播、穴播等植树植草的传统绿化技术。随着我国高速公路建设的不断发展和国际交流的不断增强，国外先进的边坡生态修复技术被大量引进并应用，我国的边坡生态修复技术也随之开始向现代化发展。1989 年，广东省水利水电研究所经由香港引进了喷播机，并在华南地区进行了大量的边坡植被恢复实验，为液压喷播技术在我国的推广普及奠定了基础，这也标志着我国的边坡生态修复技术由传统的手工作业走向了现代化[22]。此后，基于我国生态环境特征和地质状况的喷播绿化技术得到了迅速推广，喷播方式和作业流程的研究也得到多元化发展。李旭光赴日本考察并引入了泥浆喷播技术；之后，朱能维首次在公路高陡边坡上应用了液压喷播技术；李和平等利用盆栽实验研究基质配比问题，促进了液压喷播技术在我国的更好应用；张俊云在公路高陡边坡上开展了厚层基质喷播技术实验，并取得了良好的植被修复效果[23]。通过一定时间对喷播技术的应用，专家学者对喷播技术的研究也朝着全面和深入的方向发展。杜鹃结合日本的近自然边坡生态修复理念，对客土喷播技术的优缺点进行了系统化的分析、总结，得出了修复过程虽然需要投入大量的资金，但是效果显著且永久的结论；周颖通过开展草种筛选实验和喷射混凝土植草实验，进行了不同的草种和施工技术之间的对比研究，发现喷射混凝土植草的后期养护成本较高且易退化；顾晶通过研究发现将三维网喷播植草技术应用于土壤贫瘠的坡面和石质边坡坡面，可以取得较好的修复效果。汪东从用量配比、基质选择等方面对有机基质喷播技术进行了研究，分析了其关键技术环节；谭少华对我国常用的三维网植草技术、客土喷播技术和湿法喷播植草技术的工艺方法和流程进行了总结研究，指出三维网植草技术的特点是网状结构可以包裹喷射土体，从而起到良好的固土防冲刷效果，客土喷播技术在以土壤学为主的多学科理论结合的基础上，通过提高土壤厚度，促进植被的迅速建立和灌木的迅速生长，实现坡面植物群落的快速建立，湿法喷播技术利用喷枪的高压喷射作用形成均匀覆盖的膜状结构来固定种子,达到植被快速覆盖的目的。

除上述喷播类技术外,基于我国的地质状况和生态特征,生态修复与工程防护相结合的防护措施逐渐兴起并被大量应用。从边坡稳定性角度出发,李轩等设计并开展了相关实验研究,发现框格植草技术在防止坡面滑塌方面具有较好的效果,适用于石质边坡的生态修复;陈述悦等将绿化笼砖技术首次应用于北方土质边坡,分析了该技术在自然气候条件下的适用性和应改进的问题,得出了土壤板结问题是影响该技术应用是否成功的主要因素;郭义飞等探讨了香根草护坡技术的机理,并将其应用在公路项目土质边坡防护当中,对其效益进行了研究;朱邦永全面分析了公路路基防护中应遵循的原则,同时探讨分析了不同的边坡生态修复技术对路基边坡防护的适用性;刘锐运用软件建模模拟技术研究了边坡稳定性受生态修复技术的影响情况,通过正交试验的方式,确定了不同的参数和变量对边坡稳定性的影响。

此外,我国部分学者开始关注采取边坡生态修复技术后的养护管理问题。王海亮等研究了厚层基质喷播技术下植被越冬过程中的养护管理问题,并通过边坡的现场对比实验分析了不同的养护管理措施与植被返青率之间的相关关系;郎煜华等分析了喷播作业后的洒水养护作业对植物早期生长的重要性,发现不及时跟进洒水养护可能导致喷播植草技术的失败;王辉通过研究发现后期养护管理效果的好坏对坡面植被的生长发育有直接影响,养护管理失败的边坡(如杂草较多的边坡)容易引发更为严重的土壤侵蚀;孟延艺通过开展实验研究,总结分析了三维网植草技术的施工要点和注意事项,在综合考虑水、肥、虫害的前提下确定了最佳的养护周期和养护时间。

通过上述文献分析可知,与日本及欧美国家相比,我国边坡生态修复技术的研究和应用还存在一定的差距,技术配套体系不够完善,施工流程精细程度欠佳,生态修复技术不具备系统性。近年来,公路建设项目的生态环保问题被广泛重视,对边坡生态修复技术的应用提出了更高的要求。有针对性地选用适宜的边坡生态修复技术,才能保证公路建设项目中边坡生态的绿色健康发展[24]。

1.3.2 红黏土边坡防护技术研究

国外对于红黏土边坡防护技术的相关研究较少,且集中在土体成因方面。M I Umarany 等利用 X 射线技术开展了红黏土特性的实验研究和分析,研究结果显示红黏土的主要成分包括石英、高岭石和三水铝石等,通过化学分析发现红黏土中不含有非晶体物质[25];J K Ruprecht 等通过开展现场渗透实验,对红黏土的不同剖面的渗透特征进行分析研究,研究结果显示红黏土底层表面的渗透系数最高[26];Osinubi 等通过开展原状土渗透实验,分析了红黏土的渗透特征,相关结果表明红黏土的渗透系数会随着干密度、细粒含量占比与饱和度的增大而降低,同时渗透系数还会受到压实功和含水率差异的影响[27];A. A.Amadi 通过实验研究,分析了不同种类的有机质以不同的浓度作用于红黏土时对其渗透性的影响,研究了利用有机质溶液改良红黏土边坡渗透性能的可行性[28];A.A.Busari 等研究分析了将铝渣用于提高红黏土稳定性的可行性,通过开展相关数据研究和对比分析,发现铝渣可以显著地改善红黏土的土壤特性,为红黏土的特性改良提供了一条可持续发展的道路[29]。

近年来,我国在红黏土普遍分布的地区开展了大量的研究并取得了一定的研究成果,其中部分涉及了红黏土的土质改良技术和边坡防护技术,但对红黏土边坡的病害防治技术及生态修复技术还缺乏系统的研究和分析[30]。20 世纪 60 年代,我国地质工作者对碳酸盐系岩石上残积黏土覆盖层开展的相关研究,是我国学者对红黏土最早开展的研究。“红黏土”的概念最初由袁阮等在《贵州红黏土的建筑性能》中述及。此后，随着对红黏土颗粒组成和物理特性研究的不断深入，人们发现包括碳酸盐系岩石、花岗岩、粉砂岩和玄武岩等在内的岩石体，经过一定时期的风化作用后均可形成红黏土[31]。

近年来，我国学者对红黏土的研究越来越多。刘顺青等通过对红黏土样方开展快剪试验，对不同含水率的红黏土的抗剪强度指标进行了实测和分析，发现红黏土具有较强的水敏性特征，抗剪强度指标会随含水率的升高而显著下降；高千峰等研究在降雨过程中干燥裂缝和植被对红黏土路堑边坡浅层稳定性的影响，利用 ABAQUS 软件建立了边坡的数值模型，提出了一种有效的模拟边坡裂缝分布的方法，通过野外实测，验证了数值模型和方法的可靠性，然后进行参数分析，研究降雨参数、裂缝参数和植被参数对边坡稳定性的影响；宋鑫华利用有限元软件基于强度折减理论进行了数值模拟正交试验，通过对内摩擦角、容重、黏聚力三个因素开展三个水平下的极差分析，分析了影响红黏土边坡稳定性的因素的主次关系；刘天义等通过开展大量调研和分析，总结得出了红黏土边坡破坏特征、规律、类型等，发现在雨水渗透作用导致的干湿循环作用下，土体的强度会产生衰减，进而引发边坡坍塌；穆坤等通过开展三轴试验和直剪试验，分析了红黏土抗剪性能随含水率的变化规律。

现有的红黏土边坡防护方案主要为刚性防护，防护形式主要为全封闭式，既能防止自然降水被土体吸收从而发生崩塌，又能限制因地下水渗流而造成的坡面土体松散。但是红黏土坡面开挖后会在气压、土体围压、地下水作用等的影响下，产生一定的胀缩效应，进而破坏刚性防护结构的受力平衡，造成防护结构变形[33]。相关研究和统计结果显示，红黏土边坡采用的全封闭的浆砌片石防护结构，经历 3~5 年的时间后大多数会产生破坏，同时还易引发生态环境破坏、噪声污染、光污染等危害[34]。植被和工程结合的边坡生态修复措施可以较好地解决上述问题，现有的相关研究和应用经验表明，边坡生态修复技术不仅可以降低工程造价，还能够延长工程的使用寿命，在红黏土边坡防护中应用越来越广泛。

1.4 公路边坡生态修复存在的问题及发展趋势

1.4.1 公路边坡生态修复存在的问题

虽然我国专家学者在公路边坡生态修复技术的研究方面取得了一定成果,但仍存在一些问题,主要概括为以下几个方面:

①虽然国内专家学者通过开展技术引进和相关实验研究,形成了多种可用于边坡生态修复的技术,但缺乏对特殊气候和特殊地质条件下边坡修复的针对性技术。

②现有的工程防护措施和生态修复措施主要依托传统的边坡生态修复材料和技术工艺,不能彻底解决亚热带多雨区红黏土边坡的抗侵蚀和防冲刷问题,无法实现良好的修复效果。

③部分新型边坡生态修复技术使用的基材存在着后期降解困难、污染环境的问题。此外,少数边坡生态修复技术的使用成本高,后期需要长时间的跟踪养护作业,适用性差。

1.4.2 公路边坡生态修复发展趋势

通过上述对国内外公路边坡生态修复技术现状的分析,可以看出今后公路边坡生态修复技术将有以下发展趋势[35-37]:

①完善多种边坡生态修复技术,加强植物物种选配方案研究,因地制宜,对各种特殊气候和特殊地质条件下的边坡生态修复技术的研究更具有针对性。

②在基材选取上应当形成一套系统的研究基材配比的方法,并开发研究新基材。

③深入研究新型边坡生态修复技术的适用性及实用性,研究路域生态环境,选取更合理可行的植物和基材,减少后期环境污染及养护工作。

④加强根系形态、根系力学性能的研究，完善在实际工程中可能出现的根—土相互作用理论模型，追踪根系生长演变过程，建立更科学的根—土相互作用模型并研究、分析根—土相互作用机制，增强边坡稳定性。

1.5　亚热带多雨区公路边坡生态修复研究

针对公路边坡存在的问题及发展趋势，本书采用 W-OH、人造壤土剂和抗侵蚀固土剂三种新型功能材料，针对土质及土石混杂两种边坡特征，开展基于三种新型功能材料的边坡生态修复技术基材配比室内试验和修复效果现场试验研究，形成针对土质边坡的基于 W-OH 的凝胶固化修复技术和针对土石混杂边坡的人造抗侵蚀有机基质层修复技术，建立综合评价模型对两种新型边坡生态修复技术和传统生态修复技术的修复效果进行综合评价。具体研究内容如下：

(1)边坡生态修复基础理论研究

通过分析边坡生态修复的生态学原理和植物护坡机理，根据亚热带多雨区红黏土边坡的病害特征，针对红黏土边坡抗冲刷性能差和坡面养分含量低两个主要特征，引入 W-OH、人造壤土剂和抗侵蚀固土剂三种新型功能材料代替传统材料，开展红黏土边坡生态修复技术研究。

(2)红黏土边坡新型生态修复技术研究

基于正交试验方法设计基于两种新型技术的基质配比方案试验，分别开展植物出芽量、植物生物量、土壤养分和抗冲刷性能的实验研究，运用极差分析方法确定出两种新型生态修复技术的最佳基质配比方案，提出用于土质边坡的基于 W-OH 的凝胶固化修复技术和用于土石混杂边坡的人造抗侵蚀有机基质层修复技术，并形成配套工艺方法。

(3)新型边坡生态修复技术现场应用效果研究

依托广东省惠清高速公路，开展新型生态修复技术现场应用研究，结合常规的传统喷播植草技术和 CF 网喷灌植草技术，在植物生长不同周期对坡面植物和土壤进行采样对比试验,从植生效益和土壤改良效益两方面开展新型生态修复技术与传统技术的修复效果差异性研究。

(4)不同生态修复技术修复效果综合评价

以惠清高速公路为依托工程,对采用新型及传统边坡生态修复技术的边坡生态修复效果进行对比评价。根据对试验边坡的植生效益和土壤改良效益所进行的试验测定数据,结合技术方案的经济性、施工困难度以及修复效果的景观美化度等指标,确定综合评价的目标及指标项,建立科学全面的综合评价体系,运用层次分析法确定各指标层的权重值,采用模糊综合评价的方法对不同生态修复技术的生态修复效果进行全面评价。

本书开展的研究在目前存在问题的基础上具有以下创新点:

①突破传统生态修复技术存在植物生长环境营造困难、施工工艺返工率高、植物长期生长效果差、施工成本较高、材料不降解污染环境等的局限性,针对华南多雨区的气候特征和红黏土的边坡特性,基于 W-OH 功能材料,形成适用于土质边坡的基于 W-OH 的凝胶固化修复技术,解决了华南多雨区红黏土边坡坡面抗冲刷性能差和生态修复过程中种子易被冲刷的问题。

②引入抗侵蚀固土剂和人造壤土剂,研究形成适用于土石混杂边坡的人造抗侵蚀有机基质层修复技术,解决了华南多雨区红黏土坡面土壤养分不足和水土流失严重的问题。

③结合常规的传统喷播植草技术和 CF 网喷灌植草技术,从植生效益和土壤改良效益两方面[38],就基于 W-OH 的凝胶固化修复技术和人造抗侵蚀有机基质层修复技术两种新型生态修复技术与传统技术的修复效果开展差异性对比研究,通过建立综合评价模型对不同生态修复技术的修复效果进行综合评价。

第 2 章　公路边坡生态修复基础理论

2.1　边坡生态修复

2.1.1　边坡生态修复概述

边坡生态修复是生态修复学科相关研究的基本内容,主要指终止对原有生态系统所进行的人为干扰,缓解人为因素对原生自然生态系统的影响,以生态系统自身的生存能力为基础,在无人工干扰的前提下组织生态系统的自我调节,使得生态系统依靠自有的组织能力和调节能力有组织地向好的方向发展[39]。生态修复工作主要指对因受到自然突变或人类生产、生活活动影响而破坏的生态系统,开展生态系统重建或采取有效的措施协助其尽快恢复。

传统意义上的公路边坡防护主要通过采取必要的措施来保证坡体的稳定性,一般以混凝土等硬性材料为主要材料,通常只考虑坡体力学结构上的稳定性,存在着植被恢复困难、生态破坏严重、景观协调性差和一次性投资大等缺点。公路边坡生态修复技术可被应用于上述问题的解决,通过种植根系发达、适应性强的植物,加强对公路边坡的保护,既有利于增强坡面的稳定性,又减少雨水侵蚀,起到保护水土的作用,同时满足生态环境保护的需求。

亚热带多雨区公路边坡生态修复主要通过建立植物群落的方式,增强坡面的抗冲刷能力,改良公路沿线的路域景观效果,防止频繁降雨过程中坡面土体受雨水冲刷而产生的水土流失,同时避免传统工程措施存在的工程造价高、防护效果不佳和景观视觉效果差等问题。

2.1.2 边坡生态修复基本原理

边坡生态修复涉及生态学、工程力学、土壤学等诸多学科的相关内容。其中,生态学的研究内容丰富,研究范围广泛且应用充分,在公路边坡建设和生态修复中也应用得最多[40]。生态学学科的相关研究理论主要分为三个方面:一是在进行生态修复方案设计时确认生态系统修复必要因素的限制因子原理;二是在生态修复过程中以体现乡土文化和原生生态特色为目的,尽可能采用乡土植物的生态适应性原理;三是可以缩减生态修复施工工期、降低工程损耗的群落演替原理,但该原理具有一定的局限性,对于完全退化及缺乏全面生态系统的边坡的修复或重建意义不大[41]。

2.1.2.1 限制因子原理

在生态学中,生态因子是在生物所处的生态环境中,所包含的对生物的生长、繁殖、迁徙及其他生命活动产生直接或间接影响的因素,如生物体在环境中所必需的氧气、水源、食物、氮气以及其他与生物体生命活动相关的因素。

限制因子是生物所处的生态环境中限制生物体繁殖或其他生命活动的某些因子。所有生物体所处的环境(即生态系统)的发展受到限制因子及其相关因素的制约,整个生态系统中各部分的因子不是孤立存在的个体,不同的因子均与限制因子一样彼此作用、相互影响。生态系统中的因子,部分为主导因子,部分为非主导因子。可依据生态系统中因子对生物体生命活动的影响程度来判别其是否为主导因子。无论因子对生态系统中生物体影响的大小,其对整个生态系统均有不可替代的意义。

在进行边坡生态修复的过程中,首先需要考虑目标生态系统中存在的限制因子对生态系统恢复或重建产生的影响,其次要注意生态系统中所有生态因子对边坡修复的建设施工等产生的影响,着重考虑限制因子对生态环境的制约并加以积极改善。最终从限制因子出发，制订以修复或重建边坡生态系统为目的的边坡生态修复方案，并匹配合适的施工方法。

2.1.2.2　生态适应性原理

在自然界中，一定空间范围内的生物体与环境经过一定时期的发展适应，彼此之间形成相互影响、相互制约的整体，这个整体被称为生态系统。生态系统中，生物体与周边环境以动态平衡的形式稳定存在，为了维持这种动态平衡状态的正常工作，生态系统需要从外界持续吸收能量。在生态系统自身的生态环境中，动物、环境与微生物三者均不是独立存在的个体，当生态系统中的环境要素发生改变时，生物体不再能够正常地进行生命活动，为适应环境的变化，生物体需要尽可能地完善自身的生存能力来实现顺利成长；当生态系统中环境要素的改变超过生物体的承受范围时，生物体便不再能够正常生长；当生态系统中环境要素发生变化致使生物体自身不能适应时，需要采取人为措施或其他措施来改善环境，以协助生物体顺利完成各项生命活动，此时我们认为生物体对人为的某种环境产生了生态依赖。因此，在进行边坡生态修复的过程中，应充分考虑生物体的生态适应性以及乡土物种对生态环境的要求，充分营造适宜生物生长的生态环境，以期顺利地完成边坡生态系统的修复或重建。

2.1.2.3　群落演替原理

群落演替原理指一种生物群落或生态环境经过一定时期的发展，在人力介入或生物体自身对环境的适应性改变的前提下，由一种生物群落向另一种生物群落进行转变的过程，该过程是生物体相互转化更替的过程。自然条件下的生态系统，当原有的植物群落因外在因素遭到破坏时，一定时间之后是可以自行恢复的，恢复的时间长短取决于生态系统的复杂程度和破坏程度，但均能恢复正常的工作状态。在生物群落的演替过程中，被破坏的小型生态环境通常会首先种植先锋物种，使其在被破坏的生态环境中生长繁殖以改善所处生态环境，为其他适合的植物更好地在此环境中生存奠定基础，直至其取代先锋物种并恢复自身的生态面貌。生态系统土壤成分对生物群落演替的影响主要分两种情况：一是原生演替；二是次生演替。可以通过人工调节的方式控制这两种演替方式的演替方向和速度。开展生态修复工作，首先应服从自然规律，其次应满足社会经济发展的需要。同时，还应利用群落演替原理进行理论指导，通过采取生物、人工和化学等方式相结合的手段辅助完成生态系统的生态修复。

2.2 植物生态护坡

2.2.1 植物生态护坡概述

在公路边坡防护过程中，采取植物生态护坡措施，可以达到修复被破坏的生态环境、降低噪声、美化沿线景观和调节道路沿线小气候的目的，但在边坡的稳定性方面，植物生态护坡措施的积极作用和消极作用共存。植物是有生命的个体，在生长的过程中其与所在的土体及周边环境会产生相互影响和相互作用，进而形成一个开放的小型系统，具备自我进化和适应的特性。这种特性与土体性质的复杂性共同导致植物生长影响下的边坡稳定性研究无法进行精确的量化分析，国内外现有的相关研究多为定性分析和有限定因素下的模拟分析。单纯的植物生态护坡不一定能够保证边坡的稳定性，开展边坡生态修复必须对植物生态护坡的相关机理进行研究。

2.2.2 植物生态护坡相关机理

2.2.2.1 植物生态护坡力学效应

植物生态护坡的力学效应，主要在于植物根系对于土体的锚固作用。相关研究表明,坡体表面风化作用形成的松散土层可以被植物的竖向根系锚固在较深处的稳固土层中,根系可以起到拉锚作用;植物的侧向根系可以形成土壤表层密布的网状结构,将土壤固定为一个整体[42]。植物的竖向和横向根系的交互作用使所在土体形成立体的防护结构,进而增加了土体的抗拉和抗剪强度,土体的安全系数也随之增加。

2.2.2.2　植物生态护坡水文效应

坡面受到侵蚀作用的主要影响因素为坡面的径流强度。坡面平整度、自然降水强度和坡面植物覆盖度是影响坡面径流强度的主要因素。坡面土壤发生侵蚀的主要动力来源为自然降水形成的超渗径流,植物的存在可以改变超渗径流的强度,进而改变坡体的抗侵蚀能力。植物生态护坡对于边坡的水文效应可以从四个方面进行具体分析:

1)截留降雨

植物的茎叶可以截留部分降雨,存在于叶片上的水经过蒸发作用重新回到大气或自然缓慢地滴落于坡面上;部分植物还可以通过茎叶将截留的部分降雨进行吸收储存,之后缓慢地蒸发。植物的截留作用可以显著地减少到达坡面的降雨量,从而削弱降雨对坡面的侵蚀作用,进而减少降雨形成的坡面径流裹挟的坡体表面松散土体的含量。

2)缓解溅蚀

自然降雨时,雨滴在下落的过程中会积累一定的重力势能。在没有植物生态防护的坡体,雨滴下降到坡面上时其能量直接由坡面土体承受,从而造成土体颗粒分离。雨滴的撞击力随着其蕴含势能的增大而增加,撞击力越大,坡面受到撞击飞溅出的土颗粒就越多,溅起的土颗粒会在重力和坡面径流的双重作用下向下运动,造成水土流失。但当坡面有植被覆盖时,雨水下落至坡面前首先会受到植物茎叶的拦截,雨滴蕴含的重力势能一部分会转化为对植物茎叶的动能,到达坡面时雨滴蕴含的能量会降低至接近于零,对土体的溅蚀作用随之减弱或消失。

3)降低边坡深层的孔隙水压力

滑坡是边坡的常见病害之一。降雨入渗是诱发滑坡的重要原因。降雨入渗情况下,滑坡的发生与边坡内部孔隙水压力的变化密切相关。采取植物防护时,分布于土体中的植物根系可以促进雨水下渗,植物的蒸腾作用可以将土壤中的水分吸走,降低土壤的含水率。在植物对水分的吸收作用和植物蒸腾作用共同作用下,边坡土体的含水率会显著降低,孔隙水压力可恢复至原有的平衡,边坡的稳定状态得到维持。

4)抑制径流的形成

当边坡表面无植物时,坡面溅蚀的土体颗粒会随着径流的形成而被冲走,甚至会形成冲沟。坡面受到冲蚀影响的强弱与坡面径流的速度和径流包含的能量密切相关。采取植物防护后,到达坡面的雨水量降低,形成径流的路径增加,径流的流动速度和能量受植物影响会下降,径流可裹挟的泥沙含量随之降低。草本植物对径流形成的抑制作用最为明显。这是由于草本植物的茎叶与根系分布错综复杂,径流会受影响而分散和减弱,径流路径也由直流变为在草丛中间的反复绕流,径流速度和冲刷能量减弱更为明显,土体的冲刷会被明显减弱。

2.2.2.3 圬工结构与植物生态护坡联合效应

植物生态护坡在力学效应和水文效应上均有其特有的优势,但是植物生态护坡也有一定的局限性。首先,植物的生长过程需要一定的时间,在植物生长过程中坡体的稳定性无法得到保障;其次,植物根系延伸,在增强对土体锚固作用的同时,会使土体产生裂隙,土体的渗透率会因此而增加;最后,植物根系的锚固作用还会受到深度的限制,更深层的边坡滑动不会受到植物根系的锚固作用的约束影响,且当植物根系作用范围内无稳定岩土层结构存在时,加固作用也不明显,受到降雨作用影响时更易发生失稳情况。而随着坡面植物的生长和繁殖,根系的作用强度增加,对增强坡体稳定性和抗侵蚀性的作用越来越大。

圬工结构在坡体的深层加固和坡面初期的稳定加固方面具有植

物生态防护难以企及的效果,合理利用圬工结构可以实现边坡在一定时期内的有效加固。但是,随着作用时间的增加,混凝土的老化和钢筋的锈蚀会使得圬工结构的防护强度降低,圬工结构对坡体的加固效果随之变差,这与植物生态护坡的作用相反。因此,将圬工结构护坡与植物生态护坡相结合,将二者的优点融合,可以实现边坡全生命周期内的稳定和抗侵蚀作用的加强。除此之外,植物生态护坡还可以促进受工程建设破坏的生态环境的自然恢复,促进坡体与周边环境的生态平衡。

2.3　亚热带多雨区边坡生态修复

2.3.1　亚热带多雨区边坡病害特征

2.3.1.1　边坡冲蚀

边坡土体中存在大量的微裂隙,微裂隙经过反复的胀缩作用,逐渐发育,使得边坡土体破碎形成细粒。在雨水的冲刷作用下,坡面的细小黏土颗粒带走,大颗粒的黏结性随之丧失,大颗粒被水分渗入引发崩解,破碎土体形成冲沟,冲沟增加了风化作用与土体的接触面积,风化作用影响加剧,在长期的恶性循环作用下,边坡土体的稳定性受到影响。

2.3.1.2　边坡崩塌

边坡崩塌指分布有大量的竖向裂缝的高陡边坡土体,受到自身重力和其他外在作用力的双重作用而失去稳定,脱离母体向下崩落的现象。在边坡土体开挖的过程中,原有土体的荷载降低被称为卸荷过程。边坡的卸荷过程会引发坡体内部的应力重分布,坡面相对薄弱处出现应力集中现象时会产生裂隙。除此之外,边坡土体开挖后不及时采取支护防护措施、土体失水也会造成裂隙的产生和发展。随着裂隙的产生,风化和地质作用加速了坡面土体裂隙的发育,致使坡面土体裂隙处的抗剪强度骤减,被裂隙割裂的坡面各个土体单元脱离坡面母体向下跌落并产生冲击碰撞,形成崩塌现象,在坡脚处形成堆积物。此外,地震也是诱发坡面崩塌的主要影响因素之一。

2.3.1.3 坡面泥流

坡面泥流是由雨水和重力作用综合而成的极具破坏性的一种水土流失现象,常发生于特殊的地质条件下,如红黏土边坡。在长大的坡面和风化剥蚀严重的坡面,当土体液限较高且地表径流集中时容易形成坡面泥流。泥流主要为边坡坡脚堆积物和坡面的松散小颗粒在雨季降水形成的坡面径流作用下夹带形成,坡面边沟和涵洞易被泥流堵塞,严重时会对路基和路面造成损害。

2.3.1.4 坡面溜塌

坡面溜塌是多雨地区边坡最为常见的一种坡体表层病害,在多雨季节和雨强较大时更为常见。坡面溜塌的原因主要为降雨稍有滞后,坡体表面强风化层的土体吸收水分至过饱和状态,坡面土体颗粒之间的黏聚力骤减,形成液塑状态,伴随着重力和渗透压力的双重作用,呈饱和状态的坡面浅层土体沿底部界面产生顺坡的向下蠕动,形成坡面溜塌。坡面溜塌的发生与坡体的坡度和坡面高度无关,可能发生于坡面的任何部位。由于边坡裂隙通常更为发育,坡面溜塌病害更为常见[42]。

2.3.1.5 滑坡

滑坡是由于边坡稳定性因坡面土体强度的过度下降而受到破坏,在土体自重和其他的外在作用力共同作用下,坡面土体沿某滑动破裂面发生的整体向下滑动现象。滑坡通常因坡面土体的抗剪强度骤减或过度衰减而引发,经牵引式塑性滑坡引发而发展扩大。边坡失水会使得边坡土体含水量减少,黏聚力增大,边坡强度增大,诱发土体微观裂隙的产生和增大,裂隙的出现为雨水渗入边坡土体提供了便捷的通道,边坡土体再次吸收水分导致其力学特性发生衰减。水与土体之间的反复耦合作用导致滑坡。因此,在诱发滑坡的众多因素当中,基于土体力学性质,气候更替作用的频繁发生导致的边坡强度弱化是边坡滑坡的最主要原因。边坡坡度、边坡地貌特征、坡面高度、地下水作用和地震作用也是诱发滑坡的重要影响因素。滑坡通常发生于多雨季节且破坏性极大。

2.3.2　亚热带多雨区边坡生态修复需求

目前,开展边坡生态修复最为有效的方法是改善植物生长基础并保证该基础的稳定存在,从而实现坡面的长期绿化效果。针对亚热带多雨区边坡的土壤特性和稳定性特征,亚热带多雨区边坡生态修复的主要需求如下:

1)安全性

对边坡坡体进行生态修复时,需首先保证边坡的安全稳定性,为此需要对边坡采取必要的工程防护措施。对于土质边坡而言,人工开挖形成的坡面土体或强风化岩石不能够稳定存在,需要事先采取工程防护措施,如混凝土框架格梁、浆砌片石等,以防止降雨冲刷作用下边坡表层发生崩塌、滑坡等自然灾害。针对不同的边坡,应结合地质勘探资料选用合适的方法来保障坡体的安全稳定性,为边坡开展生态修复工作打下坚实的基础。

2)抗冲刷性

在亚热带多雨区开展公路边坡的生态修复,需要解决坡面抗冲刷性能差的问题。受频繁的高强度降雨作用影响,用于边坡生态修复的基材及种子极易被冲刷,基材和种子的流失会直接影响坡面的修复效果,需要及时采取补种措施,这造成了人工和费用的浪费。因此,开展边坡生态修复时应保证基材的高抗冲刷性能,避免出现种子等被冲刷而造成返工作业。

3)协调性

协调性指在进行边坡生态修复时,形成的边坡景观或生态系统应与其周边现有景观或生态系统在整体上保持适应性和统一性。在高速公路建设过程中,大规模的坡体开挖和基础回填破坏了项目所在地区原有的生态系统,原有的生物群落被打散。开展边坡生态修复作业,除了要保证边坡土体的稳定性外,还应保证人工修复的生态系统生态效果与景观效果同周边现有环境的协调统一。

4)经济性

利用植物开展边坡生态修复工作的目的是利用植物形成群落后自身的调节能力和适应能力,缩短生态系统修复时间,加快生态系统修复进程。一般情况下,边坡生态修复工作完成后的2~4个月内坡体整体可呈现绿色效果,经过1~2年的时间可观察到初步的修复成效,经过3~5年可以达到设计方案预期的修复效果。在进行边坡生态修复植物种类和材料的选择时,需要考虑自然条件下边坡的恶劣环境,选择成活率高、耐候性好的植物种类和可自然降解、对生态环境无污染的修复材料,从而减少工程损耗和后期投入的成本,避免出现二次污染破坏现象,实现修复的经济效益最大化。

2.3.3 亚热带多雨区边坡生态修复目标

边坡生态修复的最终目标是通过建立植物群落的方式来改善工程建设过程中对边坡原有生态系统造成的损害,同时通过植被根系的力学性能来加固被人为破坏的边坡表层土壤结构,保护边坡土壤的安全、稳定,避免滑坡、泥石流等灾害的发生。受植物生长发育周期的限制,边坡生态修复的初期效果难以与原始生态系统相比,但当建立的生态系统完成一个完整生命周期的演替时,可达到近似于原始生态的修复效果,并且随着时间的不断推进,护坡效果不断改善。开展边坡生态修复的目的可概括为如下几个方面:

1)保护边坡表层土壤

通过在边坡开展生态修复种植植物,随着植物的生长,其根系可以穿透表土层,扎入深层土壤,大面积种植植物可以实现植物根系密布表层土壤,从而对边坡的表层土壤起到聚集和加筋加固的作用。边坡种植植物的根系可垂直向下透过表层土体深入边坡内部,从上而下的植物根系将边坡表层自然风化形成的松散土壤固定于土壤深处。由于植物根系与土壤之间的相互作用力限制了土壤的松散程度,土壤的抗拉拔性能显著提升。边坡生态修复种植的植被可以增大边坡表层的摩擦力,减小降雨落至坡面的动能,缓解雨水对坡体表层土壤的侵蚀作用。当边坡表层有植被覆盖时可以截留部分雨水,减弱雨水对坡面的冲刷作用,降低坡体表面形成径流的流动速度,减轻坡体表面的水土流失情况。

2)恢复边坡生态环境

亚热带多雨区的自然植被覆盖良好,在进行边坡生态修复设计和工程施工中,要充分考虑边坡的地理位置和自然环境,评估边坡周边现有的小范围生态系统,结合边坡周边环境选择适当的植物物种,构造可持续发展的边坡生态。通过边坡生态的构建,为现有动植物和微生物创造可支撑其完成生存发展各项生命活动的基础条件。以此为基础,改善被破坏的原始生态环境或受工程建设及其他原因影响变得脆弱的边坡生态环境。

3)改善边坡景观效果

边坡生态修复工作针对的是受工程影响或人为扰动的边坡个体,其周边的生态环境在未被破坏的前提下运转良好且可形成一定的景观效果。在进行边坡生态修复的过程中,植物种类的选取和修复材料的运用应考虑与周边现有景观的协调性,尽量打造统一的景观效果,避免出现修复景观与原有景观不协调的现象,造成视觉污染。

第3章　新型功能基材研发

3.1　亚热带多雨区红黏土物理特性分析

3.1.1　亚热带多雨区红黏土物理特性参数

为了更好地开展红黏土边坡生态修复试验，首先需要了解亚热带多雨区红黏土的各项物理特性。选取亚热带多雨区公路工程现场的无植被边坡上的红黏土土样进行土体物理特性室内试验，主要包括：土体密度测定试验、土体含水率测定试验、直剪试验和土体固结试验。试验操作过程按照《公路土工试验规程》(JTG E40—2007)中的有关规定进行。通过试验获取的华南多雨区红黏土的各项物理特性参数见表3-1。

红黏土物理特性参数表　　表3-1

基本物理指标					直剪试验		固结试验	
含水率	密度 (g/cm^3)	土粒比重	孔隙比	饱和度	凝聚力 (kPa)	内摩擦角 (°)	压缩系数 (MPa^{-1})	压缩模量 (MPa)
25.9%	1.54	2.73	1.232	57.4	19.0	16.8	0.64	3.50

由于红黏土是碳酸盐系出露区的岩石经红土化作用转化而来，人类活动破坏表层土壤覆盖层或自身红土化作用和风化作用不充分时，坡体表面会有较多的岩石体残留与土壤共同存在，呈现出红黏土与残存风化岩体共存的状态，为了更有针对性地开展红黏土边坡生态修复技术的设计，需要首先对红黏土边坡进行进一步的分类研究。目前，国内外岩土界对于边坡的工程地质分类方法较多，但由于分类的目的和原则存在着

一定的差异,目前还没有被业界所认可的统一的分类标准。根据边坡红黏土的土质、外观及土壤成分特征,将红黏土边坡进一步分为土质边坡和土石混杂边坡两大类。

3.1.2　土质边坡特性

土质边坡是坡面具有较厚土壤层的边坡,红黏土土质边坡的坡体表层土壤分布较好,坡体表面具有较厚的土壤层,可直接种植植物。种植植物的过程中,应根据土壤养分测定结果施加适量的复合肥,保证植物生长期间的养分供给。对于亚热带多雨区红黏土土质边坡,开展边坡生态修复必须解决的问题是提升坡面的低抗冲刷性能。由于亚热带多雨区降雨量充沛,降雨强度大,红黏土边坡的裂隙发育,抗冲刷性能弱,坡面土体及生态修复选用的植物种子极易被坡面径流携带流失,进而影响生态修复的效果。因此,开展亚热带多雨区红黏土土质边坡的生态修复必须提高坡面土体的抗冲刷性能。

3.1.3　土石混杂边坡特性

土石混杂边坡的概念最早于 1982 年由 Hencher 提出,他根据坡面土石混合体颗粒组成的不同将其称为块石和土。为了更好地体现材料的物质组成特点,Medley 研究了其物理力学特性并将其命名为“Block-in Matrix Soils/Rocks”。土石混杂体是一种不同于土体和岩体的特殊地质体,其主要成分为土与碎石的混合物,没有特定的结构组成,组成成分的各颗粒之间的黏结能力差,渗透性更强。目前,土石混合体的概念已被认可。表层为土石混合体的边坡被称为土石混杂边坡。

红黏土土石混杂边坡为坡体表面土体中含有较多风化岩石的边坡,这种坡体不仅存在着抗冲刷性能差的问题,而且由于土石混杂边坡风化岩石体的存在和土壤含量较少,坡面土壤营养含量不充分,不能直接种植植物,需要采取必要的措施为植物提供前期生长基质和长期有效的养分供应。因此,红黏土土石混杂边坡生态修复除需要解决与土质边坡相同的坡面抗冲刷性能差的问题外,还需要解决坡面土体养分供应不足的问题。

3.2 新型功能基材研发

开展边坡生态修复的主要途径为通过合理搭配种植植物,在被破坏的坡面上通过构建植物群落形成新的小型生态系统,对现有生态系统进行完善和强化,因此,植物群落的合理搭配、快速构建、稳定生长、全面复绿是保证边坡生态修复技术成功的关键。目前,对于植物群落构建方面的研究已较为充分,基于现有研究成果可以确定华南多雨区红黏土边坡生态修复最为适宜的植物物种组成方案,如何保证植物的正常生长发育和返青复绿是需要解决的关键问题。

通过对土质边坡和土石混杂边坡修复难点的分析,结合现有传统技术存在的不足,研发新型功能材料解决亚热带多雨区边坡生态修复的问题。此外,利用新型功能基材开展边坡生态修复时,形成的新型边坡生态修复技术应满足如下要求:①安全环保,无毒无害;②耐久性好,长期有效;③造价低廉,施工便捷。

通过开展国内外资料查阅和生态修复技术材料分析,选用W-OH有机固化剂开展红黏土土质边坡生态修复,选用抗侵蚀固土剂和人造壤土剂开展亚热带土石混杂边坡生态修复。

3.2.1 W-OH有机固化剂

3.2.1.1 W-OH有机固化剂物理性质

W-OH有机固化剂的主要成分为改性亲水性聚氨酯树脂,是一种经过纳米技术改良、改变组成结构和功能形成的一种功能性复合材料,其外观表现为淡黄色或褐色油状体,以水为固化剂,与水混合后反应生成二氧化碳气体,生成兼具防渗和抗冲刷特性的环保型多孔性弹性凝胶体,该凝胶体遇水不再反应且不溶于水。W-OH 有机固化剂的各项物理特性见表 3-2。

W-OH 有机固化剂物理特性　　表 3-2

外　　观	密度 (g/cm^3)	固含量 (%)	黏度 (mPa·s)	硬化时间 (min)	pH 值
无色/淡黄色透明液体	1.1	60	200~800	4~7	6~7

注:以上物理特性为室温为 20℃时测定。

W-OH 有机固化剂由日本 JCK 株式会社开发,最初被广泛应用于治沙固沙领域,应用效果良好[43]。通过相关试验研究和测定,W-OH 有机固化剂具有如下特点:①遇水极易溶解,能够以任意的浓度与包括海水在内的任何水体发生反应,形成力学性能良好的多孔性弹性凝胶体,凝胶体遇水不溶解;②黏结性能好,对土壤、混凝土、沙土等多种材质均具有极强的黏聚力;③耐久性能好,可以人为控制遇水形成的凝胶体降解周期;④安全性能好,是环境友好型材料,对生态环境无污染,且对动植物均不产生任何危害[44]。

3.2.1.2　W-OH 有机固化剂耐久性

W-OH 有机固化剂具有良好的耐久性。相关试验研究表明,W-OH 有机固化剂与水反应形成的凝胶体的抗压强度和抗拉强度均随着反应过程中 W-OH 浓度的增大而增加,且抗压强度和 W-OH 浓度呈线性关系,随着 W-OH 浓度的增加,凝胶体的抗压能力增强明显。同时,随着 W-OH 浓度的增大,凝胶体的拉伸强度增强,拉伸率增大,拉伸强度与浓度之间呈线性关系,线性相关系数为 0.997,拉伸率与浓度之间呈对数关系,相关系数为 0.938。但有机复合材料受到高强度的紫外线辐射易发生分解而丧失其功能,在使用的过程中需要配合使用抗紫外线分解的添加剂,保证 W-OH 形成的凝胶体的耐久性。研究资料显示:对于 W-OH 浓度为 3%的凝胶体固化层,不使用抗紫外线剂时寿命周期为 45d 左右;配合使用浓度为 0.015%的抗紫外线剂时,凝胶体固化层寿命周期可提高至 10 个月;添加 0.05%的抗紫外线剂时,凝胶体固化层寿命周期可提高至 6 年 8 个月。使用 W-OH 时应根据需要合理搭配使用抗紫外线剂。

3.2.1.3 W-OH 有机固化剂安全性

W-OH 有机固化剂具有足够的安全性。科研人员通过实验测定发现,W-OH 有机固化剂与水混合形成的凝胶体固化层不含有任何的重金属离子;通过毒性病理实验分析发现 W-OH 对小白鼠和鱼类均未产生致死现象,说明 W-OH 有机固化剂为无毒无害的安全性材料。其次,实验发现任何浓度的 W-OH 遇水反应后均彻底固结,在土壤中和冲刷下的水体中未发现低分子含量的单体存在,说明没有 W-OH 有机固化剂以单体的形式残存在土壤或水中,避免了二次污染。

鉴于 W-OH 有机固化剂的以上特点,选用其作为亚热带多雨区红黏土边坡生态修复的材料,开展土质边坡的生态修复较为适宜。

3.2.2 抗侵蚀固土剂

抗侵蚀固土剂是为了解决公路边坡等的水土保持问题而研发的一种防侵蚀纤维喷播剂,其主要材料为可完全生物降解的再生木制纤维,不含有塑料成分,无固化期,是一种无毒、无公害的绿色新材料。抗侵蚀固土剂的作用原理为在土壤表面形成完整的保护纤维层,与土壤紧密结合从而形成连续、多孔和柔性的防侵蚀覆盖,避免在雨水冲刷或其他径流作用下,坡面的土壤产生水土流失现象。抗侵蚀固土剂同时还兼具吸水和保水作用,能够促进植物的快速发芽和生长发育,后期可完全自然降解而不产生任何附加危害,具有即时高效、侵蚀控制卓越和使用成本低廉的特点。

3.2.2.1 组成成分

抗侵蚀固土剂的主要成分包括木质纤维、保水剂、人造纤维、高分子聚合物聚丙烯腈纤维、颗粒微孔基、凹凸棒粉、壳聚糖、黏合剂、高岭土和染色剂。

其中,木质纤维是将木材、纸张等的混合物蒸煮后加热至 200℃ 经高温热处理得到的,经过热处理得到的木质纤维更轻、更细,同样的质量可以覆盖更大的面积,黏合性能和保水性能更为优越。同时,经过高温的无菌化处理,木质纤维内存留的杂草种子和病原体被消除。

抗侵蚀固土剂所采用的保水剂为聚丙烯酰胺,其具有改良土壤、调节土壤水分和增强土壤养分的作用,无毒、无害,在土壤中的使用有效期长,可以反复地吸水和释水,吸水性能强,能够为种子萌发和后期生长更好地储存和调节水分。

人造纤维是由秸秆、椰壳、竹子、木材等天然原材料经溶解后加工纺丝而来的,人造纤维的物理抗张拉强度更高且纤维之间可形成自锁结构,使用后可快速愈合覆盖坡面,形成的覆盖层多孔且吸湿性能好。

聚丙烯腈纤维是一种平均分子量很低的线性结晶聚合物,具有强度低、不易形变、耐紫外线性能好、耐候性好和无毒无害的特点,使用聚丙烯腈纤维能够提高其他纤维材料的保肥能力、保水能力和黏结效果。

颗粒微孔基是由水淬高炉矿渣、硫酸钠、粉煤灰和速溶泡花碱混合配置形成的一种多孔材料,能够增强抗侵蚀固土层的空间结构稳定性和强度,增大抗侵蚀固土层的孔隙度,从而保存更多的水分,加强氧气交换强度,改良植物生长发育效果。

凹凸棒粉是一种具有特殊纤维状结构的黏土矿物,其呈现层链状结构,具有超强的吸附能力,可加强纤维材料之间的黏结性能。

壳聚糖是一种可通过生物降解转化为有机质肥料的天然高分子聚合物,在抗侵蚀固土层中具有抗菌和改良土壤养分的作用。

抗侵蚀固土剂所用的黏合剂为以玉米为原材料的可自然降解的淀粉黏合剂,黏结性能良好,同时具有保水性能。

高岭土的主要材料——高岭石,是一种多孔性材料,用来填补抗侵蚀固土层的纤维材料间隙,同时还可以增强纤维材料的稳定性和黏结性。

抗侵蚀固土剂中使用的染色剂为食品级安全染色剂,主要用来判断施工过程中的材料覆盖度和覆盖厚度,减少施工区域的重叠,避免施工材料的浪费。染色剂材料在紫外线辐射作用下可自然褪色,有效期为3~7d。

3.2.2.2 作用效果

抗侵蚀固土剂的作用可归结为以下三个方面：

①作用于土壤表面，与土壤紧密结合形成纤维层，保护坡面土壤不会因雨水或其他水作用而造成水土流失。

②和土壤表面密切黏合，形成连续、多孔、有吸收性且柔韧的侵蚀防护毯，促进植物快速发芽，加速生长。

③抗侵蚀固土层建立后包含有空气层，不仅能提高湿度，改善幼苗发芽率，而且有助于植物健康生长所需的氧气交换。

3.2.3 人造壤土剂

人造壤土剂是一种用于改良边坡土体养分的工程材料，主要适用于有机质含量低、生物活性不足和营养水平低下的边坡，可以对土壤进行深层次的修复，提高土壤的养分供应能力，为植物的生长创造合适的生存空间，促进植物的快速生长。此外，人造壤土剂的各组分材料均无毒无害，不会给生态环境带来二次污染。

3.2.3.1 材料组成成分

人造壤土剂的主要成分包括木质纤维、生物质炭、腐生基质、菇类残渣、促生菌类和其他添加物。人造壤土剂材料结构如图 3-1 所示。

a）木纤维

b）显微镜下的生物炭颗粒
（左：120倍，中：220倍，右：1200倍）

图 3-1　人造壤土剂材料结构

人造壤土剂中添加的木质纤维是一种经过消毒和高温热处理的木质纤维物质，具有亲水性能强、吸水速率高、干燥后不板结和孔隙率高的特点,可以为植物种子的萌发和生长提供充足的有机质养分,创造更为理想的生长环境,高温热处理可使其不含任何杂菌及其他植物种子,更利于人工植被的迅速建立。

生物质炭是一种由木材高温分解而来的具有高孔隙度的颗粒类结构材料,高孔隙度颗粒材料有益于营养物质的聚集和微生物菌的附着,有益于提高土壤的保肥能力,促进植物生长。

腐生基质是一种无定形的有机胶体材料,其中富含促进植物生长发育所需要的各类元素,且腐生基质在土壤中分解缓慢,能够持续地为植物生长提供长久的养分供应。

菇类残渣由菇类材料生产过程中产生的下脚料经过进一步粉碎发酵而得。菇类物质发酵后富含蛋白质、菌类蛋白物质、氨基酸、钙、锌、镁等大量营养物质,更易于植物生长吸收,同时实现了边角料的废物利用。

促生菌类主要为木霉菌、固氮菌和复合类芽孢杆菌。木霉菌依附于木质纤维生长繁育,可产出多糖、氨基酸等物质,促进植物的生长发育,改良植物的抗性,预防植物根系的真菌感染。固氮菌生存于土壤及植物根系之间,固定周边空气中的氮,增加土壤中的氮含量,同时还可分泌激素类物质刺激植物生长。复合类芽孢杆菌在土壤中生长繁育,可以产生有机酸、赤霉素、激素等易于被植物吸收和利用的物质,增强植物的抗旱抗寒能力和抗逆抗病能力,促进植物根部有益菌落的生长繁殖,抑制有害菌类和土传病菌的生长。

其他添加物主要为硅藻土、贝壳粉和海藻精等物质,可以起到疏松土质、改良土壤、增加养分、促进萌发和促进植物生长的效果。

3.2.3.2 材料作用效果

人造壤土剂的作用可归结为以下两个方面:

①改良坡面土壤环境,提高土壤肥力,促进植物种子的迅速发芽和成长,保证坡面植物群落的快速建立。

②通过微生物作用自然降解,将自身转化为土壤有机质,为植物提供更为长期的养分供应。

3.3 基材组成

开展边坡生态修复过程中,不同材料组成的基材是影响生态护坡效果的决定性因素。基材一方面为植物前期生长提供必要的营养物质供应,另一方面保护植物,抵挡降水、气候条件等因素对植物生长和边坡产生的不利影响。因此,边坡生态修复技术所使用基材应能提供必要营养物质,同时具有与边坡吸附黏聚的力学特性[45]。传统的边坡生态防护技术基材一般由复合肥、有机质、黏合剂、保水剂、植物纤维、泥炭和 pH 调节剂等组成[46]。在边坡生态修复过程中引入新材料时,应结合传统的基材使用,形成兼具营养特性和力学特性的新型边坡生态修复技术基材。

通过分析亚热带多雨区土质边坡和土石混杂边坡的修复特点,结合 W-OH 有机固化剂、抗侵蚀固土剂、人造壤土剂三种功能材料的材料特性,选取保水剂、植物纤维和泥炭配合 W-OH 有机固化剂形成用于土质边坡的新型生态修复技术基材,选取保水剂、黏合剂和泥炭配合抗侵蚀固土剂和人造壤土剂形成用于土石混杂边坡新型生态修复技术的基材。将基于 W-OH 有机固化剂的土质边坡新型生态修复技术称为基于 W-OH 的凝胶固化修复技术;将基于抗侵蚀固土剂和人造壤土剂的土石混杂边坡新型生态修复技术称为人造抗侵蚀有机基质层修复技术。

其中,保水剂的主要成分为具备超强吸水能力的树脂材料,无毒、无公害,能够反复地进行吸水和释水,从而为植物生长提供持续的水分供应;植物纤维包括稻草纤维、椰丝等,是将稻草或椰子外壳纤维经过机械化粉碎处理形成的长度约 1.5cm 的纤维状物质,将植物纤维掺入基材,可大幅度提高其透气性、团粒性和抗冲刷能力,植物纤维自然降解后是天然的有机质肥料;泥炭是分布于冷湿地区低洼地带的厚度大于 50cm 的泥炭层潜育性土壤,基材中添加泥炭可以提升保水性、透气性和保肥性能;黏合剂是一种提高种子、植物纤维及其他材料对边坡土体依附性和材料之间黏结性的材料,可以保证喷播层的抗冲刷性能,使用的黏合剂材料应对植物和生态环境无害。

第 4 章　基材配比及作用效果研究

4.1　试验方案

为进一步研究选用的新型功能基材对边坡的适用性并确定最佳的新型功能基材用量配比方案，保证新型边坡生态修复技术的修复效果，采用正交试验的方法开展室内对比试验。

4.1.1　正交试验法

4.1.1.1　正交试验法简介

正交试验法是一种用于优化设计试验方案的方法，是数理统计方法的重要组成部分，最早于 19 世纪中期由日本学者田口玄一等人提出。正交试验法以概率统计学的相关理论和实践经验为基础，利用标准正交表进行试验方案的优化设计，能够较多地减少试验次数，节省试验工作量，同时通过对有限的试验结果的合理分析，可以确定最终的最优方案，是一种解决多因素多水平问题的科学高效的计算方法，目前在各个科学研究领域均被广泛地应用。

多因素多水平作用下的试验在实际中普遍存在。对应地开展全因素、全水平值下的所有试验方案并找到最优的组合方案是一种严谨的试验方法，但该过程需要进行大量的试验，非常耗费人力物力。例如，不考虑因素和水平之间的交互作用，为解决 4 因素 5 水平的问题需要进行全组合试验的次数为 $5^4=625$ 次，工作量非常大，具体实施中存在着很大的困难，有必要选择有代表性的因素和水平条件组成试验方案组进行试验。对于4因素5水平的问题采用正交试验法时，选用L_{16}(45)正交试验表，需要进行的试验次数仅为16次，需要开展的工作量大大减少。

依托于正交试验法的正交试验表进行多因素多水平的组合试验设计，可以达到明显的以少代多的效果。利用正交试验法进行试验时，挑选代表性强的部分因素和水平进行试验方案的组合，能够既不丢失关键信息，又可以准确高效地处理试验结果，最终快速地得到可靠的试验结论。一般情况下，通过正交试验得到相应的试验结果数据后，会对数据进行极差分析，研究各个参数之间的敏感性差异。

4.1.1.2 试验目的

采用正交试验法开展新型功能基材配比研究，主要基于以下几项目的：

①边坡生态修复方案基质选用的材料种类众多，不同用量的材料对生态修复效果的影响也不同。根据现有研究成果，选取边坡生态修复基材方案之后，可以通过正交试验分析不同的方案对边坡生态修复效果的影响，确定各材料对修复效果的影响的主次关系。

②正交试验不仅可以用于分析单个因素对生态修复效果的影响，还可以用来研究不同因素之间相互作用产生的综合效应，可以分析得出各因素对边坡生态修复效果的影响程度，还可得出因素单独作用及综合作用的主次控制关系。

③分析正交试验的结果，可以确定各因素组合的最优解，即边坡生态修复效果最佳时的各个因素水平的值，从而确定最佳的新型边坡生态修复技术基材配比方案。

4.1.1.3 试验指标体系

1)试验指标

试验指标指表征试验目的和结果的特征值。对于不同的正交试验设计，相应的试验指标也不同。本章采取正交试验的目的是分析不同用量的基材对边坡生态修复效果的贡献大小，即对出芽量、生物量、土壤养分、抗冲刷性能的贡献大小，选用上述4项指标的综合结果作为试验结果的比选指标。

2）试验因素

试验因素通常也被称为试验因子，是导致试验指标值发生改变的主要原因，是正交试验设计的主要考察对象。本章基于现有研究成果，确定W-OH有机固化剂、保水剂、植物纤维和泥炭4种因素为基于W-OH的凝胶固化修复技术的研究对象；确定抗侵蚀固土剂、人造壤土剂、保水剂、黏合剂和泥炭5种因素为人造抗侵蚀有机基质层修复技术的研究对象。

3）试验水平

一般将设计正交试验时选取的试验因素参数范围称为试验水平，如将W-OH有机固化剂的用量取90mL/m²、120mL/m²、150mL/m²、180mL/m²，则表明设计正交试验时试验因素W-OH有机固化剂的水平为4个。当试验因素和试验水平越多时，需要进行试验设计的正交试验表范围越大，需要进行的试验次数也随之增加。

4.1.2 基于W-OH的凝胶固化修复技术正交试验方案设计

结合红黏土土质边坡新型生态修复技术基材的选择，考虑基材中的W-OH、保水剂、植物纤维和泥炭4种材料对生态修复效果的影响。设计正交试验时，对应4种基材，将正交试验因素确定为4项，水平数确定为4，不考虑各项因素之间的交互作用，共设计16组不同配比，试验设计见表4-1与表4-2。

基于W-OH的凝胶固化修复技术正交试验因素水平 表4-1

因素水平	因素			
	W-OH（因素A）（mL/m²）	保水剂（因素B）（g/m²）	植物纤维（因素C）（g/m²）	泥炭（因素D）（L/m²）
1	90	3	100	0

续上表

因素水平	因素			
	W-OH(因素 A)(mL/m²)	保水剂(因素 B)(g/m²)	植物纤维(因素 C)(g/m²)	泥炭(因素 D)(L/m²)
2	120	5	150	2
3	150	7	200	4
4	180	9	250	6

基于 W-OH 的凝胶固化修复技术正交试验基材配比 表 4-2

编　号	因素			
	A	B	C	D
	W-OH(mL/m²)	保水剂(g/m²)	植物纤维(g/m²)	泥炭(L/m²)
1-1 号基材	90.0	3.0	100.0	0.0
1-2 号基材	90.0	5.0	150.0	2.0
1-3 号基材	90.0	7.0	200.0	4.0
1-4 号基材	90.0	9.0	250.0	6.0
1-5 号基材	120.0	3.0	150.0	4.0
1-6 号基材	120.0	5.0	100.0	6.0
1-7 号基材	120.0	7.0	250.0	0.0
1-8 号基材	120.0	9.0	200.0	2.0
1-9 号基材	150.0	3.0	200.0	6.0
1-10 号基材	150.0	5.0	250.0	4.0
1-11 号基材	150.0	7.0	100.0	2.0
1-12 号基材	150.0	9.0	150.0	0.0
1-13 号基材	180.0	3.0	250.0	2.0
1-14 号基材	180.0	5.0	200.0	0.0
1-15 号基材	180.0	7.0	150.0	6.0
1-16 号基材	180.0	9.0	100.0	4.0

4.1.3 人造抗侵蚀有机基质层修复技术正交试验方案设计

结合红黏土土石混杂边坡新型生态修复技术基材的选择,考虑抗侵蚀固土剂、人造壤土剂、保水剂、黏合剂和泥炭 5 种材料对生态修复效果的影响。设计正交试验时，对应 5 种基材，将正交试验因素确定为 5 项，水平数确定为 4，不考虑各项因素之间的交互作用，共设计 16 组不同配比，试验设计见表 4-3 与表 4-4。

人造抗侵蚀有机基质层修复技术正交试验因素水平　　表 4-3

因素水平	因素				
	抗侵蚀固土剂（因素 A）（kg/m^2）	人造壤土剂（因素 B）（kg/m^2）	保水剂（因素 C）（g/m^2）	黏合剂（因素 D）（g/m^2）	泥炭（因素 E）（L/m^2）
1	0.3	0.3	2	5	0
2	0.4	0.4	4	7	3
3	0.5	0.5	6	9	6
4	0.6	0.6	8	11	9

人造抗侵蚀有机基质层修复技术正交试验基材配比　　表 4-4

编　号	因素				
	A	B	C	D	E
	抗侵蚀固土剂（kg/m^2）	人造壤土剂（kg/m^2）	保水剂（g/m^2）	黏合剂（g/m^2）	泥炭（L/m^2）
2-1 号基材	0.3	0.3	2	5	0
2-2 号基材	0.3	0.4	4	7	3
2-3 号基材	0.3	0.5	6	9	6
2-4 号基材	0.3	0.6	8	11	9
2-5 号基材	0.4	0.3	4	9	9
2-6 号基材	0.4	0.4	2	11	6
2-7 号基材	0.4	0.5	8	5	3
2-8 号基材	0.4	0.6	6	7	0
2-9 号基材	0.5	0.3	6	11	3
2-10 号基材	0.5	0.4	8	9	0
2-11 号基材	0.5	0.5	2	7	9

续上表

编号	因素				
	A	B	C	D	E
	抗侵蚀固土剂（kg/m^2）	人造壤土剂（kg/m^2）	保水剂（g/m^2）	黏合剂（g/m^2）	泥炭（L/m^2）
2-12 号基材	0.5	0.6	4	5	6
2-13 号基材	0.6	0.3	8	7	6
2-14 号基材	0.6	0.4	6	5	9
2-15 号基材	0.6	0.5	4	11	0
2-16 号基材	0.6	0.6	2	9	3

4.1.4 不同基材配比方案试验过程

①本次试验全过程在交通运输部公路交通试验场的环境工程实验室开展完成，为便于后续试验的进行，分别选用花盆和生物土壤培育床作为试验基床，花盆共 32 个，分为 2 组使用，花盆的尺寸为直径 20cm，深度 15cm；生物土壤培育床共 8 个，规格为 3m（长）×0.75m（宽）×0.5m（高），培育床共使用 4 轮，完成 32 组试验。

②根据试验用花盆的体积和生物土壤培育床的体积，结合表 4-4 中的不同基质配比方案材料用量数据，计算确定每个试验模块所需要的各项基质材料的用量，完成基质材料的配置工作。基材配置过程如图 4-1 所示。

③将每组试验试样所需的基质材料及种子搅拌均匀后填充在试验试样上并编号，种子的用量统一按照 $15g/m^2$ 使用，如图 4-2 所示。

④完成基质配比和播种工作后，按照特定的时间节点，对 32 组配比基材的种子出芽量、生物量、土壤养分和抗冲刷性能进行试验观测与数据记录，其中种子出芽量、生物量和土壤养分依托于 32 份花盆试样进行，抗冲刷性能试验依托于生物土壤培育床试样进行，实验过程如图 4-3 所示。

⑤数据分析:利用 Origin 2018 和 SPSS 24.0 软件进行数据的分析和绘图工作。

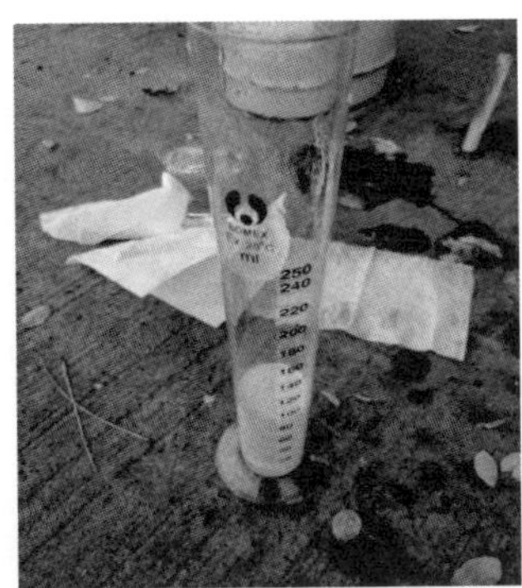

图 4-1　基材配置实验过程

图 4-2　试验用种子称量

图 4-3　抗冲刷试验样方制作

4.2　基材对植物生长的影响

4.2.1　出芽量分析

出芽量是检验基材是否影响植物正常发育的重要指标。为了研究两种新型技术作用下,不同基材配比方案对于百喜草种子发芽的影响,在完成基材试样制作和播种之后开始跟踪观察并记录百喜草种子的出芽情况,出芽量有效数据的记录时间为10d,之后的出芽量不再计入研究数据范围。

4.2.1.1　基于W-OH的凝胶固化修复技术出芽量分析

根据基于W-OH的凝胶固化修复技术的16组试验样方的试验数据,在本技术方案作用下,百喜草在播种后的第3d开始发芽,极个别的样方出现了少量的死苗现象。不同基材样方的出芽量有效统计数据见表4-5。为了更为直观地分析不同的基材方案对百喜草出芽量的影响,以出芽量为纵坐标,以不同配比下基材的编号为横坐标,绘制柱状图,如图4-4所示。

不同基材方案出芽量统计(单位:颗) 表 4-5

基材编号	1-1 号	1-2 号	1-3 号	1-4 号	1-5 号	1-6 号	1-7 号	1-8 号
出芽量	160	190	200	215	170	210	195	185
基材编号	1-9 号	1-10 号	1-11 号	1-12 号	1-13 号	1-14 号	1-15 号	1-16 号
出芽量	163	171	149	136	127	110	119	125

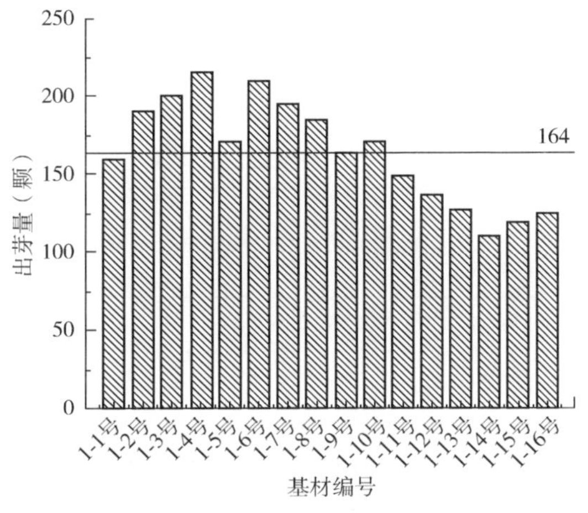

图 4-4 不同基材方案出芽量统计

由表 4-5 与图 4-4 可知,出芽量最多的为 1-4 号基材,最大出芽量为 215 颗;出芽量最少的为 1-14 号基材,最小出芽量为 110 颗,16 组基材的平均出芽量值为 164 颗。从图 4-4 可以看出,超过平均出芽量的基材共有 7 组,占总基材样方的 43.75%,分别为 1-2 号、1-3 号、1-4 号、1-6 号、1-7 号、1-8 号、1-10 号;1-9 号基材的出芽量为 163 颗,接近出芽量平均值,其余各基材的出芽量均小于出芽量平均值。通过分析 16 组基材的出芽量数据,得出出芽量数据的上四分位数为 191 颗,下四分位数为 134 颗,最大出芽量 215 颗与最小出芽量 110 颗的比值为 1.95,表明不同配比的基材对于出芽量的影响存在着较大的差别。

取指定的试验因素的同一水平的试验数值的平均值,作为该水平下的试验指标。每项因素均分为 4 个水平,分别用 N1、N2、N3 和 N4 代替。每项因素的不同水平对应的试验结果的最大值和最小值的差被称作极差,极差越大,认为该项因素的水平变化对试验结果的影响越大。将不同的因素按照极差由大到小进行排序,表征因素对试验结果影响的由高到低变化。

基于 W-OH 的凝胶固化修复技术的出芽量极差分析结果见表 4-6,从表中数据可以分析不同基材对出芽量的影响程度。

出芽量极差分析(单位:颗) 表 4-6

因素水平	W-OH	泥炭	植物纤维	保水剂
N1	191.25	150.25	161.00	155.00
N2	190.00	162.75	153.75	170.25
N3	154.75	166.50	164.50	165.75
N4	120.25	176.75	177.00	165.25
极差	71.00	26.50	23.25	15.25

由表 4-6 可知,根据基于 W-OH 的凝胶固化修复技术的出芽量极差分析结果,按基质中各组成材料对出芽量平均值的影响程度由高到低排序,依次为 W-OH、泥炭、植物纤维、保水剂。其中,W-OH 的用量水平变化对出芽量影响最大,极差为 71 颗;保水剂的用量水平变化对出芽量影响最小,约为 15 颗。

1) W-OH 用量对出芽量的影响

根据 W-OH 用量与出芽量对应关系统计数据,绘制关系图,如图 4-5 所示。从图中可以看出,随着 W-OH 用量的增加,出芽量总体呈下降趋势,表明 W-OH 用量过大会对植物的出芽产生抑制作用。通过分析可知,当 W-OH 用量过大时,形成的凝胶层过于紧密厚实,植物种子发芽后无法顺利穿越凝胶层,抑制了植物的发芽生长。因此,基于 W-OH 的凝胶固化修复技术的基质中 W-OH 用量不宜过大。

2) 保水剂用量对出芽量的影响

保水剂用量与出芽量的关系如图 4-6 所示。从图中可以看出,随着基质中保水剂用量的增加,出芽量基本稳定不变,由此可见,保水剂的用量对出芽量没有显著的影响。

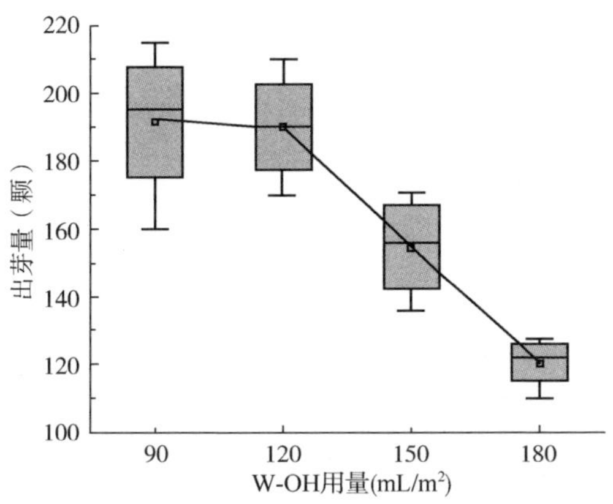

图 4-5　出芽量与 W-OH 用量的关系

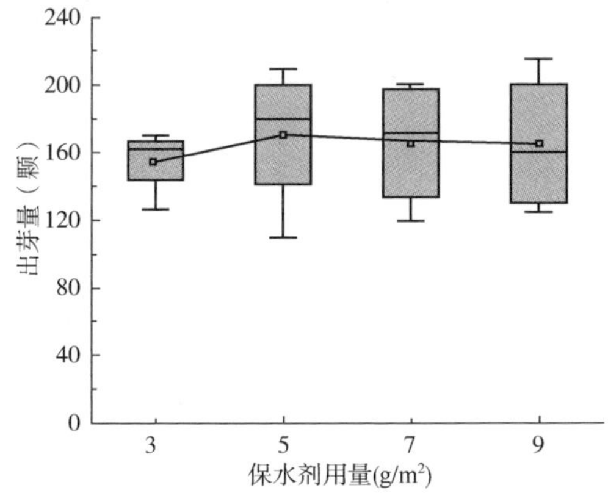

图 4-6　出芽量与保水剂用量的关系

4.2.1.2　人造抗侵蚀有机基质层修复技术出芽量分析

通过分析人造抗侵蚀有机基质层修复技术作用下的 16 组不同配比的试验样方的记录数据,在本技术方案作用下,百喜草在播种后的第 2d 开始发芽,基本未出现死苗现象。不同基材样方的出芽量有效统计数据见表 4-7,将试验结果数据绘制成柱状图,如图 4-7 所示。

不同基材方案出芽量统计(单位:颗) 表 4-7

基材编号	2-1 号	2-2 号	2-3 号	2-4 号	2-5 号	2-6 号	2-7 号	2-8 号
出芽量	188	195	216	228	219	226	243	251
基材编号	2-9 号	2-10 号	2-11 号	2-12 号	2-13 号	2-14 号	2-15 号	2-16 号
出芽量	249	262	260	268	261	267	270	281

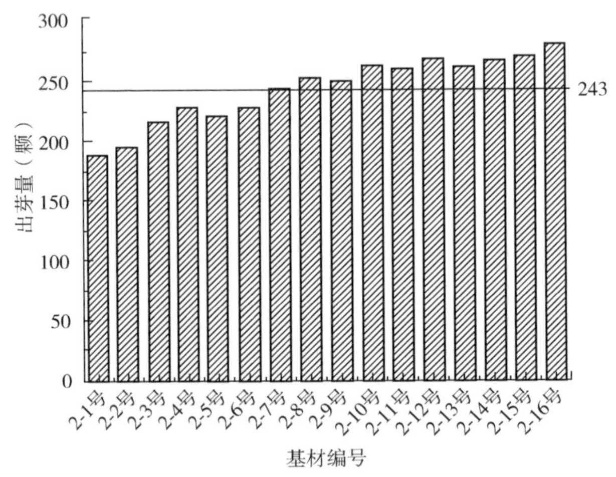

图 4-7 不同基材方案出芽量统计

通过分析表 4-7 中的数据及图 4-7 可知,2-16 号基材的出芽量最高,为 281 颗;2-1 号基材的出芽量最低,为 188 颗。16 份样方的平均出芽量为 243 颗,超过平均值的样方基材数量为 10 份,占总试验数量的 62.5%,表明各样方的基质方案设计基本合理。16 份基材样方的出芽量极差为 93 颗,上四分位数为 263 颗,下四分位数为 224 颗,最大出芽量与最小出芽量的比值为 1.49,表明不同的基质配比方案对出芽量有影响,但影响的程度不太明显。

人造抗侵蚀有机基质层修复技术的出芽量极差分析结果见表 4-8,从表中数据可以分析不同基材对出芽量的影响程度。

出芽量极差分析(单位:颗)　　表 4-8

因素水平	抗侵蚀固土剂	人造壤土剂	保水剂	黏合剂	泥炭
N1	206.75	229.25	238.75	241.50	242.75
N2	234.75	237.50	238.00	241.75	242.00
N3	259.75	247.25	245.75	244.50	242.75
N4	269.75	257.00	248.50	243.25	243.50
极差	63.00	27.75	10.50	3.00	1.50

由表 4-8 可知,按基质各组成材料对植物出芽量平均值的影响程度由高到低排序,依次为抗侵蚀固土剂、人造壤土剂、保水剂、黏合剂、泥炭。其中,抗侵蚀固土剂的用量水平变化对出芽量的影响最大,极差为 63 颗;人造壤土剂的用量水平变化对植物出芽量影响次之,极差约为 28 颗;泥炭的用量水平变化对植物出芽量影响最小,极差约为 2 颗。

1)抗侵蚀固土剂用量对出芽量的影响

抗侵蚀固土剂用量与出芽量的关系如图 4-8 所示。

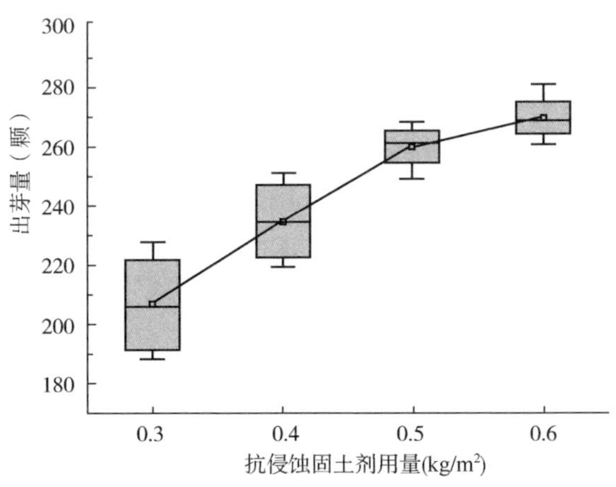

图 4-8　出芽量与抗侵蚀固土剂用量的关系

由图 4-8 可知,随着抗侵蚀固土剂用量的增加,出芽量明显增多,出芽量与抗侵蚀固土剂用量间存在着较好的线性关系。因此,采用直线函数对数据进行拟合,得到的函数关系如下:

$$y = 214x + 146.45 \qquad R^2 = 0.944 \tag{4-1}$$

可见,出芽量与抗侵蚀固土剂用量之间存在着较好的线性关系,抗侵蚀固土剂用量每增加 0.1kg/m^2,出芽量约增加 21 颗,表明在植物种子量一定的前提下,随着抗侵蚀固土剂用量的增加,出芽量呈线性增加。

2) 人造壤土剂用量对出芽量的影响

人造壤土剂用量与出芽量的关系如图 4-9 所示。

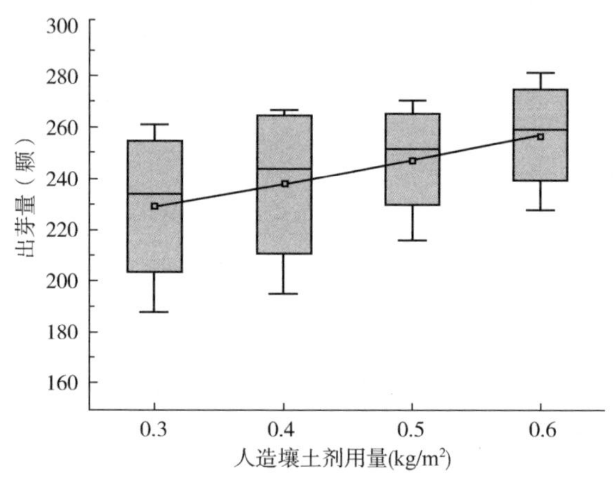

图 4-9　出芽量与人造壤土剂用量的关系

由图 4-9 可知,与抗侵蚀固土剂用量对出芽量的影响相似,出芽量与人造壤土剂用量之间也存在着正相关的关系,即人造壤土剂用量增加,出芽量随之增加。出芽量与人造壤土剂用量间也存在着较好的线性关系,因此,仍采用直线函数拟合的方式分别对各组数据进行拟合,得到的函数关系为:

$$y = 93x + 200.9 \qquad R^2 = 0.998 \tag{4-2}$$

由此可见,人造壤土剂用量与出芽量之间存在着良好的直线关系,根据拟合结果可知,人造壤土剂用量每增加 0.1kg/m^2,出芽量增加约 9 颗。同时,人造壤土剂与植物出芽量之间的相关性弱于抗侵蚀固土剂与植物出芽量之间的相关性,表明单就出芽量而言,人造壤土剂的影响低于抗侵蚀固土剂。

3) 黏合剂用量对出芽量的影响

出芽量与黏合剂用量的关系如图 4-10 所示。

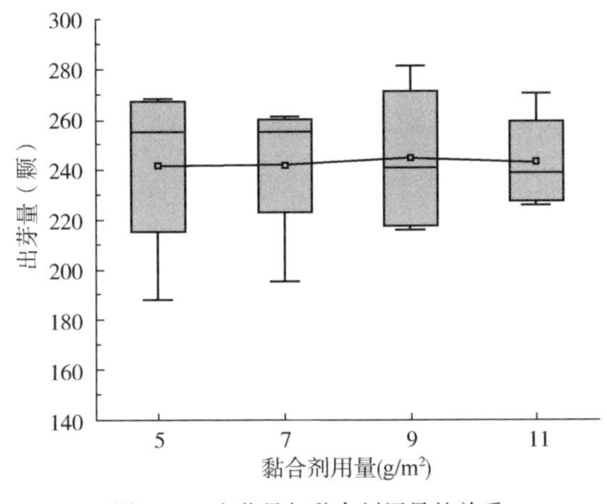

图 4-10　出芽量与黏合剂用量的关系

由图 4-10 可以看出，随着黏合剂用量的增加，出芽量的波动幅度较小，说明黏合剂用量的改变对出芽量基本没有影响。为进一步验证，将黏合剂用量与出芽量进行线性拟合，得到拟合方程为 $y = 0.4x + 239.55$，可知，黏合剂用量每增加 $1\mathrm{kg/m^2}$，植物出芽量仅增加 0.4 颗，在不排除其他因素影响植物出芽的前提下，可以证明黏合剂用量变化对出芽量基本没有影响。

4.2.2　生物量分析

生物量(biomass)是一个生态学的专业术语名词，对于植物可以专称为植物量(phytomass)，是指某一时间单位面积上植物体的有机质总量，包括活有机体的干重和枯落物的干重两部分。为了研究两种新型技术及其不同配比对生物量的影响，在植物发芽生长 90d 后，沿土壤表面切割收集每个试样内的新鲜植物茎叶，同时收集枯萎的茎叶，进行烘干处理后核算不同配比的基材作用下的生物量，对生物量进行统计分析。

4.2.2.1　基于 W-OH 的凝胶固化修复技术生物量分析

在基于 W-OH 的凝胶固化修复技术的 16 种基材配比方案作用下，百喜草自发芽生长 90d 后的生物量统计数据见表 4-9。不同基材方案对应的生物量如图 4-11 所示。

不同基材方案生物量统计（单位：g/m^2） 表 4-9

基材编号	1-1 号	1-2 号	1-3 号	1-4 号	1-5 号	1-6 号	1-7 号	1-8 号
生物量	483	515	534	509	496	478	544	521
基材编号	1-9 号	1-10 号	1-11 号	1-12 号	1-13 号	1-14 号	1-15 号	1-16 号
生物量	441	463	409	432	426	411	382	364

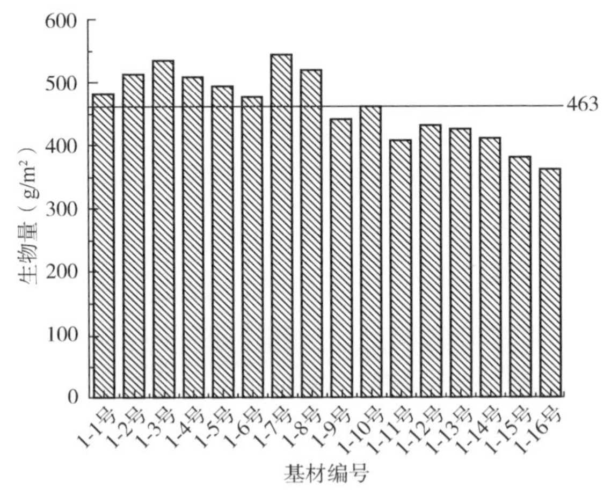

图 4-11 不同基材方案生物量统计

根据表 4-9 及图 4-11 可知，不同基材配比方案下生物量存在着一定的差异。生物量最大的基材编号为 1-7 号，最大值为 $544g/m^2$；生物量最小的基材编号为 1-16 号，最小值为 $364g/m^2$；16 组基材的生物量平均值为 $463g/m^2$，生物量超过平均值的基材数量为 9 份，占比为 56.25%，说明从生物量上考虑，基材配比方案较为合理，能够较好地反映不同的基材影响下的生物量的差异性。进一步分析可知，1-7 号与 1-8 号基材更有助于植物的长期生长，对于生态修复过程中的植物生长促进作用更为优异。

基于 W-OH 的凝胶固化修复技术的生物量极差分析结果见表 4-10，

从表中数据可以分析不同基质组成对生物量的影响程度。按基质各组成材料对生物量平均值的影响程度由高到低排序,依次为 W-OH、植物纤维、泥炭、保水剂。其中,W-OH 的用量水平变化对生物量影响最大,极差约为 115g/m^2;保水剂的用量水平变化对生物量影响最小,极差约为 11g/m^2。

生物量极差分析(单位:g/m^2)　　表 4-10

因素水平	W-OH	植物纤维	泥炭	保水剂
N1	510.25	433.50	467.50	461.50
N2	509.75	456.25	467.75	466.75
N3	436.25	476.75	464.25	467.25
N4	395.75	485.50	452.50	456.50
极差	114.50	52.00	15.25	10.75

1)W-OH 用量对生物量的影响

根据表 4-10 中的数据,绘制以 W-OH 用量为横坐标、生物量为纵坐标的关系图,如图 4-12 所示。从图中可以看出,当 W-OH 用量为 90mL/m^{2}和 120mL/m^{2}时,生物量的平均值基本持平,随着 W-OH 用量的增加,生物量值逐渐降低,说明 W-OH 在较低用量时植物后期生长效果好,过高浓度的 W-OH 会抑制植物的后期生长。这与 W-OH 用量对出芽量的影响基本一致,但因出芽量不同,无法进一步确定不同 W-OH 用量对植物后期生长的影响程度。

2)植物纤维用量对生物量的影响

根据表 4-10 中的数据统计结果,绘制反映植物纤维用量与生物量相关性的折线图,如图 4-13 所示。

从图 4-13 可以看出,随着植物纤维用量的增加,植物的生物量呈现均匀的上升趋势,生物量与植物纤维用量之间均可能存在着线性关系,利用直线函数进行拟合可得:

$$y = 0.353x + 401.225 \qquad R^2 = 0.95 \tag{4-3}$$

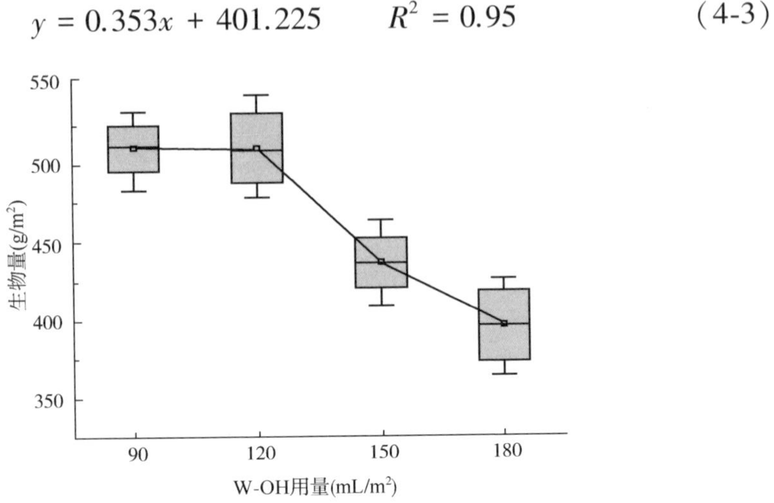

图 4-12　生物量与 W-OH 用量的关系

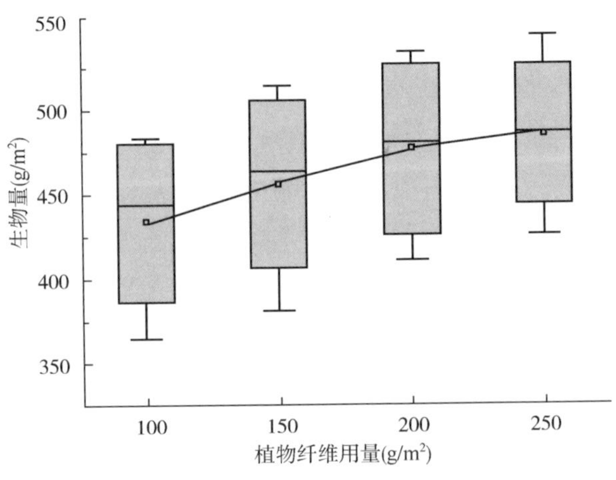

图 4-13　生物量与植物纤维用量的关系

分析生物量平均值与植物纤维用量之间的函数关系可知，植物纤维用量每增加 100g/m²，生物量增加 35.3g/m²，说明植物纤维的使用对植物后期的生长具有促进作用，植物纤维用量越大，促进作用越明显，植物生长越旺盛。

4.2.2.2 人造抗侵蚀有机基质层修复技术的生物量分析

在人造抗侵蚀有机基质层修复技术的16种基材配比方案作用下，百喜草自发芽生长90d后的生物量统计数据见表4-11。不同基材方案对应的生物量如图4-14所示。

不同基材方案生物量统计(单位:g/m^2)　　表4-11

基材编号	2-1号	2-2号	2-3号	2-4号	2-5号	2-6号	2-7号	2-8号
生物量	533	540	563	559	549	549	588	594
基材编号	2-9号	2-10号	2-11号	2-12号	2-13号	2-14号	2-15号	2-16号
生物量	584	603	605	605	609	602	607	630

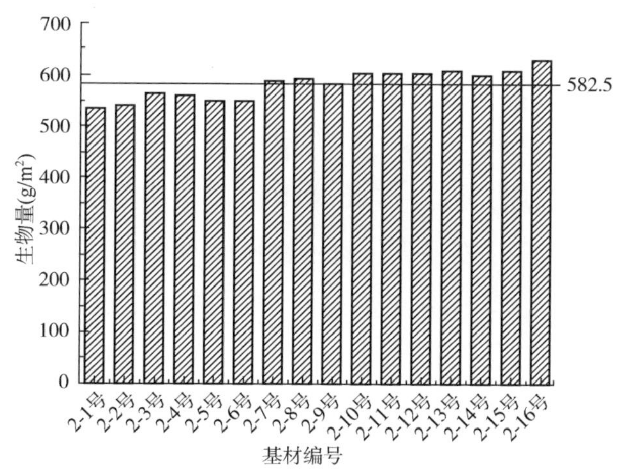

图4-14 不同基材方案生物量统计

综合分析表4-11与图4-14,受不同基材配比方案影响,生物量存在着显著的不同,但总体均处于较高水平。其中,2-16号基材的生物量最高,为630g/m^2;2-1号基材的生物量最低,为533g/m^2;不同基材的生物量平均值为582.5g/m^2,生物量超过平均值的基材数量为10份,占总基材方案数量的62.5%。进一步分析,2-1号与2-2号基材作用效果较差,生物量均低于550g/m^2;2-10号、2-11号、2-12号、2-13号、2-14号、2-15

号与2-16号基材的作用效果较好，生物量均高于600g/m²，但高、低值之间差别不大。

人造抗侵蚀有机基质层修复技术的生物量极差分析结果见表4-12，从表中数据可以分析不同基材对生物量的影响程度。

生物量极差分析(单位:g/m²)　　表4-12

因素水平	抗侵蚀固土剂	人造壤土剂	保水剂	黏合剂	泥炭
N1	548.75	568.75	579.25	582.00	584.25
N2	570.00	573.50	575.25	587.00	585.50
N3	599.25	590.75	585.75	586.25	581.50
N4	612.00	597.00	589.75	574.75	578.75
极差	63.25	28.25	14.50	12.25	6.75

由表4-12可知，根据人造抗侵蚀有机基质层修复技术的生物量极差分析结果，按基质各组成材料对植物出芽量平均值的影响程度由高到低排序，依次为抗侵蚀固土剂、人造壤土剂、保水剂、黏合剂、泥炭。其中，抗侵蚀固土剂的用量水平变化对生物量影响最大，极差约为63g/m²；保水剂的用量水平变化对生物量的影响最小，约为7g/m²，这与人造抗侵蚀有机基质层修复技术不同基材对出芽量的影响一致。

1)抗侵蚀固土剂及人造壤土剂对生物量的影响

根据抗侵蚀固土剂和人造壤土剂与生物量之间的关系，绘制数据分析图，如图4-15所示。从图中可以看出，随着抗侵蚀固土剂与人造壤土剂用量的增加，生物量也明显增加，且抗侵蚀固土剂作用下的生物量增长趋势与人造壤土剂作用下的生物量增长趋势一致，说明抗侵蚀固土剂与人造壤土剂均有助于植物后期的生物量的积累，且材料用量越大，植物生长越快，生物量累积值越高。但从曲线的斜率可以看出，生物量随抗侵蚀固土剂的用量增加而提高的速度快于随人造壤土剂的用量增加而提高的速度，说明抗侵蚀固土剂的用量对生物量的变化影响更为明显。

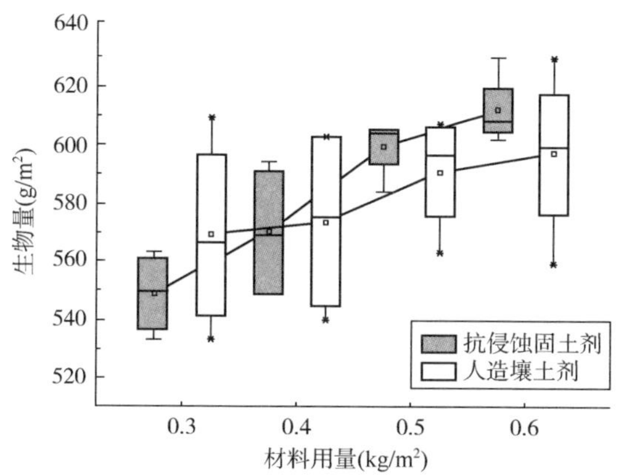

图 4-15　抗侵蚀固土剂与人造壤土剂用量对生物量的影响

2)泥炭用量对生物量的影响

根据表 4-12 中的数据统计结果,绘制生物量与泥炭用量的折线图,如图 4-16所示。可以看出,随着基材中泥炭用量的改变,生物量基本保持不变。结合数据统计结果,不同泥炭用量下的生物量平均值极差为 6.75g/m^2,此时泥炭用量的差值为 6g/m^2,且泥炭用量为 0L/m^{2}的试验组的生物量平均值为 584.25g/m^2,仅次于泥炭用量最高为 3L/m^{2}时的 585.5g/m^2。由此可得,是否添加泥炭对生物量的积累基本没有影响,即植物后期的生长情况与基质中是否添加有泥炭或泥炭含量的不同均没有直接的关系。

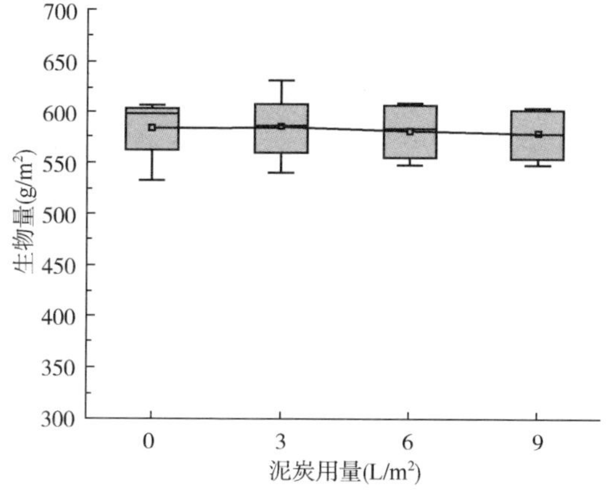

图 4-16　生物量与泥炭用量的关系

4.3 基材对水土及养分保持的影响

4.3.1 土壤养分分析

土壤养分是由土壤提供的可供植物生长的各类营养物质的总称。其中,能够直接被植物根系吸收或转化后能被植物根系吸收的矿物质成分包括氮、磷、钾等13种元素,除矿物质成分外,土壤的营养物质还包括有机质。为了研究不同基材配比方案下植物生长一定时期后的土壤肥力状况,选取碱解氮、速效磷和速效钾含量来进行定量分析,土壤养分测定的时间选择在完成生物量采样后。

氮元素是植物生长所必需的三大营养元素之一,是组成植物蛋白的主要成分。土壤中的氮元素含量可以用与植物生长关联性很大的碱解氮含量进行表示。碱解氮是一种水解性氮,包括易水解的有机氮和能够被植物直接吸收的无机氮,可以用来表明土壤在碱性条件下的水解氮含量,是考察土壤氮元素供给水平的一项重要指标。

土壤速效磷指短时间内能够被植物所吸收的土壤中的磷元素,为植物的生长提供最直接的磷元素供给,表征着土壤的磷元素供给能力,是考察土壤肥力的一项重要指标。

速效钾是一项用来预测植物短时间生长发育时土壤供钾能力的重要指标。速效钾在植物的生长发育期易被吸收,被用来活化植物的酶系统,主要分布于植物的代谢旺盛的嫩枝、嫩芽等组织中,可以促进代谢、加速有机物合成、改良植物抗性。

此次试验的所有样方在室外条件下养护,播种时向所有试验样方施加适量且等量的复合肥,试验开始后在跟踪观察的过程中不再追施任何肥料。待植物生长90d完成生物量采样后,分别测定两种新型边坡生态修复技术试验样方的土壤碱解氮、速效磷和速效钾含量。

4.3.1.1　养分含量测定仪器及方法

选用浙江托普仪器有限公司的 TPY-6 智能土壤养分测试仪(图 4-17)进行试验样方的碱解氮、速效磷、速效钾含量的测定。该型号的智能土壤养分测试仪是一款可快速准确地测定土壤各养分含量的专业仪器,可以测定土壤中的氮、磷、钾、pH 值等指标,具有测量过程稳定性强、测量结果线性误差小等特点。

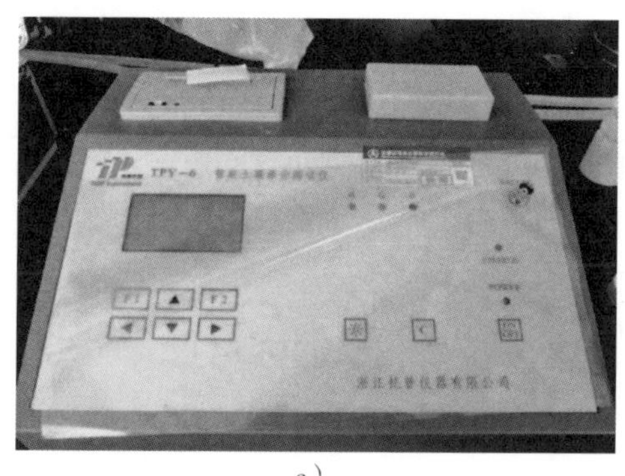

a)

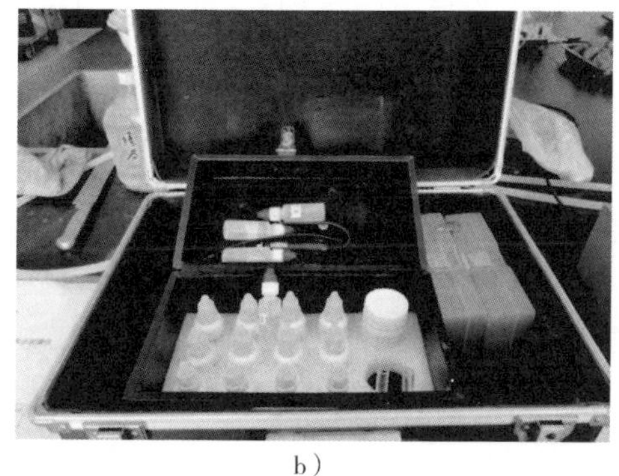

b)

图 4-17　土壤养分测试仪及试剂

按照土壤养分测试仪的测试步骤,选取相应的测定功能,可得到对应的土壤养分含量测定值。实际操作过程如图 4-18 所示。

a)

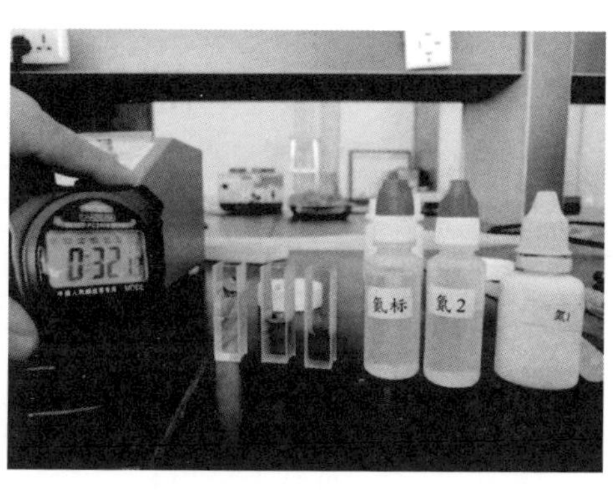

b)

图 4-18　土壤养分含量测定试验操作过程

对利用土壤养分测试仪测得的土壤养分数据分别开展数据分析，研究两种新型生态修复技术不同配比方案对土壤保肥性的影响。

4.3.1.2 基于W-OH的凝胶固化修复技术的土壤养分含量分析

根据土壤养分测试仪测得的结果，将基于W-OH的凝胶固化修复技术的16种基材方案及相应的3种养分含量进行统计，统计结果列于表4-13。同时，根据数据统计结果，绘制不同基材方案对应的3种养分含量的堆积柱状图，如图4-19所示。

不同基材土壤养分测试结果(单位:0.0001%)　　表4-13

基材编号	碱解氮	速效磷	速效钾	养分总量	基材编号	碱解氮	速效磷	速效钾	养分总量
1-1号	38.3	9.2	135.6	183.1	1-9号	61.8	10.6	159.8	232.2
1-2号	45.5	8.3	120.1	173.9	1-10号	73.7	9.8	175.6	259.1
1-3号	43.4	7.9	118.9	170.2	1-11号	55.7	10.3	167.5	233.5
1-4号	48.9	8.5	129.3	186.7	1-12号	62.4	10.1	178.1	250.6
1-5号	50.1	9.5	137.5	197.1	1-13号	64.5	11.4	195.4	271.3
1-6号	47.5	10.3	152.3	210.1	1-14号	66.8	10.9	200.5	278.2
1-7号	56.3	10.1	148.9	215.3	1-15号	62.1	11.6	198.3	272.0
1-8号	58.6	9.7	144.9	213.2	1-16号	59.2	10.2	188.7	258.1

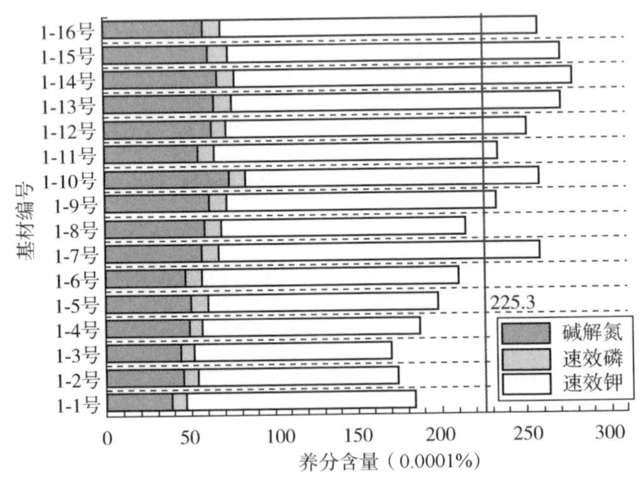

图4-19　不同基材方案土壤养分含量

依托图 4-19,结合表 4-13 中的数据,可以看出,基于 W-OH 的凝胶固化修复技术的 16 份基材在植物生长约 90d 后,碱解氮、速效磷和速效钾的测定结果各不相同,不同基材的 3 种养分的叠加总量也存在着明显的差异,说明不同的基材组成方案对土壤的保肥效果不同。养分总量超过平均值的基材共有 8 组,占比 50%,基材配比方案可靠;1-14 号基材的养分总量最高,而养分总量最低的为 1-3 号基材,差距明显。说明不同的基材组成成分中,一种或多种材料的不同用量会对土壤的保肥效果产生较大的影响。为确定对养分含量产生较大影响的材料种类,统计不同种类的基材和对应的养分总量的平均值,统计结果见表 4-14。

不同基材、不同用量水平时的土壤养分总量(单位:0.0001%)　　表 4-14

材料类别	材料用量水平	养分总量				
		样本 a	样本 b	样本 c	样本 d	平均值
W-OH	1	183.1	173.9	170.2	186.7	178.5
	2	197.1	210.1	215.3	213.2	208.9
	3	232.2	259.1	233.5	250.6	243.9
	4	271.3	278.2	272.0	258.1	269.9
植物纤维	1	183.1	210.1	233.5	258.1	221.2
	2	173.9	197.1	250.6	272.0	223.4
	3	170.2	213.2	232.2	278.2	223.5
	4	186.7	215.3	259.1	271.3	233.1
泥炭	1	183.1	215.3	250.6	278.2	231.8
	2	173.9	213.2	233.5	271.3	223.0
	3	170.2	197.1	259.1	258.1	221.1
	4	186.7	210.1	232.2	272.0	225.3
保水剂	1	183.1	197.1	232.2	271.3	220.9
	2	173.9	210.1	259.1	278.2	230.3
	3	170.2	215.3	233.5	272.0	222.8
	4	186.7	213.2	250.6	258.1	227.2

为更为清楚地比较4种基材处于不同水平时对土壤养分的影响，以材料用量水平为横坐标，以养分总量平均值为纵坐标，绘制如图4-20所示的点线图。从图中可以看出：W-OH、植物纤维、泥炭和保水剂处于不同水平时，均会对土壤的养分总量产生影响，但土壤养分受W-OH的用量变化的影响最为明显，其他材料用量变化时土壤养分总量变化不大，说明土壤中的养分主要来源于土体本身及播种阶段施加的肥料；基质中的植物纤维、泥炭等对土壤养分含量未产生明显增益效果，原因可能为土壤养分含量测定时间距离播种时间较近，植物纤维等有机质还未能自然降解转化为土壤有机质，进而转化为能够被植物直接吸收的碱解氮等养分；土壤养分总量受W-OH用量变化影响较大，可能是因为W-OH起到胶结作用，W-OH用量越多，土壤胶结越好，自然降雨时样方中的土壤吸水、渗水少，随水分流失的土壤养分量也少，从而有较好的保肥效果。同时，结合出芽量数据及生物量数据，还可能是由于W-OH用量过大时植物存活量少，对养分的吸收消耗量小，绝大部分养分得以保留。

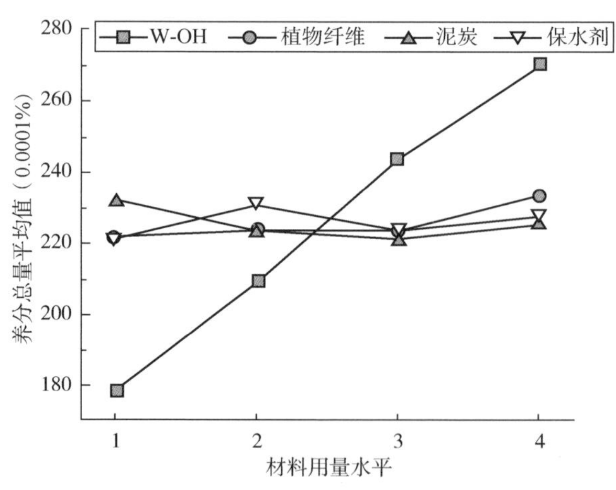

图4-20　不同用量水平的不同基材对土壤养分总量的影响

4.3.1.3　人造抗侵蚀有机基质层修复技术的土壤养分含量分析

采用与基于W-OH的凝胶固化修复技术的土壤养分含量分析相同

的方法进行人造抗侵蚀有机基质层修复技术的土壤养分含量分析，不同基材对应的养分测定数据见表 4-15，基于数据的分析图如图 4-21 所示。

不同基材土壤养分测试结果(单位：0.0001%)　　表 4-15

基材编号	碱解氮	速效磷	速效钾	养分总量
2-1 号	43.7	10.1	150.6	204.4
2-2 号	52.9	9.8	135.9	198.6
2-3 号	44.1	8.5	147.7	200.3
2-4 号	49.8	9.3	157.8	216.9
2-5 号	52.1	10.4	159.1	221.6
2-6 号	49.1	11.2	178.2	238.5
2-7 号	62.4	11.9	160.8	235.1
2-8 号	66.1	10.6	167.7	244.4
2-9 号	65.3	12.5	174.4	252.2
2-10 号	72.8	11.5	205.0	289.3
2-11 号	63.4	12.2	185.2	260.8
2-12 号	66.8	12.8	193.0	272.6
2-13 号	64.6	12.7	223.5	300.8
2-14 号	69.0	13.1	217.6	299.7
2-15 号	70.3	12.4	212.1	294.8
2-16 号	67.1	13.8	208.2	289.1

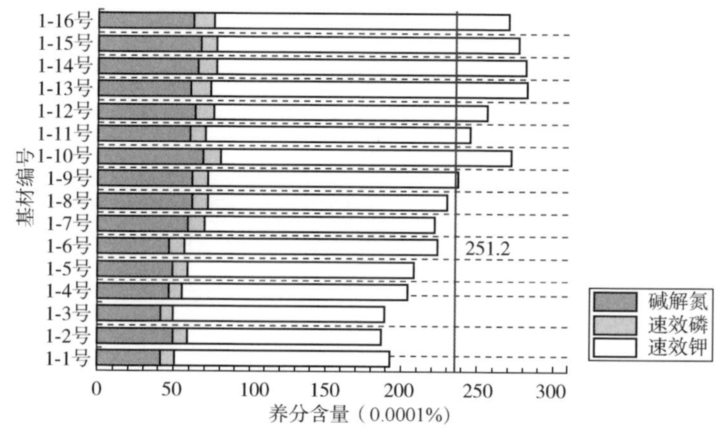

图 4-21　不同基材方案土壤养分含量

与基于W-OH的凝胶固化修复技术的测试结果相似，不同的基材方案对土壤养分总量也产生了不同的影响，为更准确地研究基材对养分总量的影响，分别统计基质的5种主要材料在不同水平时对应的养分测定结果，见表4-16，同时绘制分析图，如图4-22所示。

不同基材、不同水平时的土壤养分总量(单位:0.0001%)　表4-16

材料类别	材料用量水平	养分总量				
		样本a	样本b	样本c	样本d	平均值
抗侵蚀固土剂	1	204.4	198.6	200.3	216.9	205.1
	2	221.6	238.5	235.1	244.4	234.9
	3	252.2	289.3	260.8	272.6	268.7
	4	300.8	299.7	294.8	289.1	296.1
人造壤土剂	1	204.4	221.6	252.2	300.8	244.8
	2	198.6	238.5	289.3	299.7	256.5
	3	200.3	235.1	260.8	294.8	247.8
	4	216.9	244.4	272.6	289.1	255.8
泥炭	1	204.4	244.4	289.3	294.8	258.2
	2	198.6	235.1	252.2	289.1	243.8
	3	200.3	238.5	272.6	300.8	253.1
	4	216.9	221.6	260.8	299.7	249.8
保水剂	1	204.4	238.5	260.8	289.1	248.2
	2	198.6	221.6	272.6	294.8	246.9
	3	200.3	244.4	252.2	299.7	249.2
	4	216.9	235.1	289.3	300.8	260.5
黏合剂	1	204.4	235.1	272.6	299.7	253.0
	2	198.6	244.4	260.8	300.8	251.2
	3	200.3	221.6	289.3	289.1	250.1
	4	216.9	238.5	252.2	294.8	250.6

根据表4-17中的数据及图4-22可以看出，抗侵蚀固土剂、人造壤土剂等5种基材用量水平不同时，土壤养分总量的实测结果不同，说明不同的基材用量会对土壤的养分总量产生影响。从图中可以看出，抗侵蚀固土剂用

量的不同对土壤养分总量造成的影响最为明显,其他 4 种材料用量的不同对土壤养分总量造成的影响不明显。结合基材的用途和基于 W-OH 的凝胶固化修复技术的试验分析结果,人造抗侵蚀有机基质层修复技术的基质中的人造壤土剂、泥炭等在短时间内未能大量地转化为能够被植物直接吸收利用的碱解氮等养分。但从人造抗侵蚀有机基质层修复技术的土壤养分含量总体高于基于 W-OH 的凝胶固化修复技术的土壤养分含量可以看出,人造壤土剂的养分转化效率高于植物纤维,能更为及时地为植物提供养分供应。此外,土壤养分总量受抗侵蚀固土剂的用量影响明显,结合人造抗侵蚀有机基质层修复技术的出芽量数据与生物量数据,抗侵蚀固土剂用量越大,出芽量和生物量也越大,说明加大抗侵蚀固土剂的材料用量不仅可以起到良好的防止雨水渗透和冲刷的效果,保护土壤肥力,避免流失,还可以降解转化为植物的养分供应源,为植物的生长提供部分养分。

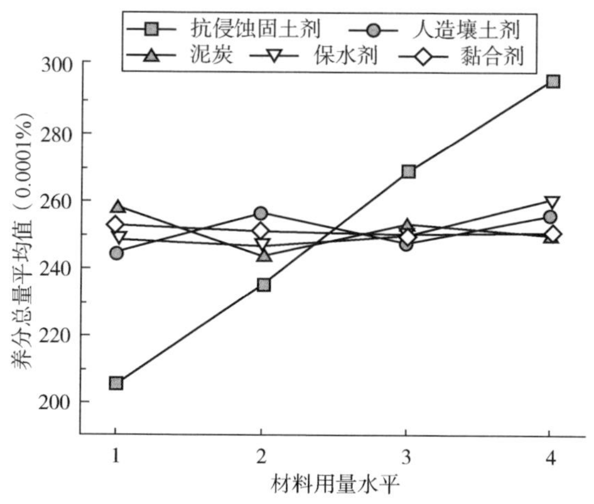

图 4-22　不同用量水平的不同基材对土壤养分总量的影响

4.3.2　边坡抗冲刷性能分析

在亚热带多雨区开展边坡生态修复时,一项关键指标是生态修复技术所的使用的基材的抗冲刷性能。如果基材的抗冲刷性能不够强,便无法保证在自然降雨的作用下牢固地附着在边坡坡体上,进而影响边坡生态修复效果。因此,设计新型边坡生态修复技术时,必须开展试验验证基材的抗冲刷性能。

边坡生态修复技术材料抗冲刷性能试验在交通运输部公路交通试验场的降雨智能化模拟大厅(图4-23)完成。降雨智能化模拟大厅隶属于公路交通环境保护技术交通行业重点实验室,是我国交通领域的第一个大型降雨模拟实验系统。降雨大厅采用下喷式降雨系统和降雨废水处理系统相结合。下喷式降雨区有效降雨高度8m,可实现降雨雨强由0.2~3.0mm/min的连续变化过程;降雨模拟实验系统采用软件集成操作管理,能够实现全部操作过程的自动控制和数据记录。

a)

b)

图4-23 降雨智能化模拟大厅

抗冲刷性能试验的具体过程(图4-24)如下:

①按照基材配比方案,制作生物土壤培育床试验样方。由于生物土壤培育床数量有限且受降雨模拟大厅场地限制,每次进行4种配比方案的抗冲刷性能试验。

②将制作好的生物土壤培育床试验样方置于降雨模拟大厅的下喷式降雨系统下方,同时在生物土壤培育床的径流收集口放置降水和泥沙收集装置。

③将模拟边坡调整到设定的坡度。试验过程中,坡度统一设定为1:1。在降雨控制系统中设定好降雨时长和雨强,准备进行试验。

a)　b)　c)　d)

图 4-24　抗冲刷试验部分过程

④试验在样方制作好之后的 3～5h 之内进行。试验开始后,按照 3.0mm/min的降雨强度进行抗冲刷性能试验,降雨过程总时间设定为 15min。自降雨过程开始第 3min 起,每隔 1min 收集坡面径流 2min,共收集 4 次。

⑤将各次收集的径流按照基材编号汇集在同一容器中,待径流收集装置中的水基本澄清后,倒出上部的清水,将剩余的泥沙混合物放入烘干箱,烘干之后利用天平称重。

⑥统计收集的泥沙烘干之后的质量,按照两种新型技术分别展开分析。

4.3.2.1　基于 W-OH 的凝胶固化修复技术的坡面径流携带泥沙量分析

收集基于 W-OH 的凝胶固化修复技术的 16 组基材的坡面径流携带

泥沙量,列于表 4-17。

坡面径流携带泥沙量(单位:g)　　表 4-17

基材编号	1-1 号	1-2 号	1-3 号	1-4 号	1-5 号	1-6 号	1-7 号	1-8 号
泥沙量	625	618	629	631	523	518	526	511
基材编号	1-9 号	1-10 号	1-11 号	1-12 号	1-13 号	1-14 号	1-15 号	1-16 号
泥沙量	472	462	488	453	420	411	409	418

根据数据统计结果可以明显看出,对于不同的配比方案,坡面径流携带泥沙量存在着显著的差异。将基材编号与对应的坡面径流携带泥沙量绘制为柱状图,如图 4-25 所示。可以看出,对于不同的基材,坡面径流携带泥沙量出现了较大差异,坡面径流携带泥沙量越大,表明基材的抗冲刷性能越差。16 组基材中,坡面径流携带泥沙量的最大值为 625g,对应的基材编号为 1-1 号;坡面径流携带泥沙量的最小值为 409g,对应的基材编号为 1-15 号,两者之间的极差值为 216g,差异性显著;16 组基材的坡面径流携带泥沙量的平均值为 507g,低于平均值的基材共有 8 组,占比 50%,说明基材的配比基本合理。

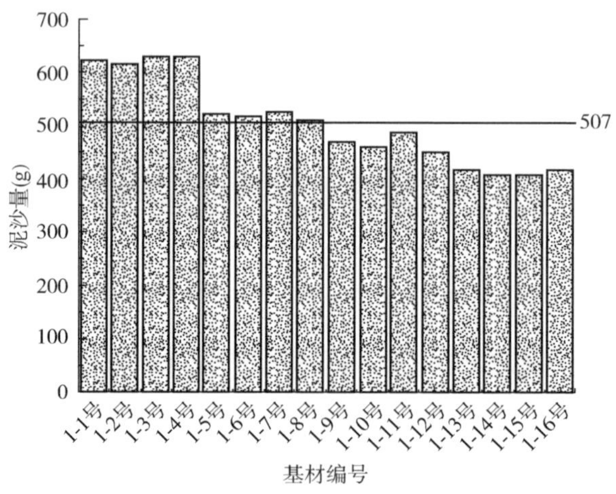

图 4-25　不同基材的坡面径流携带泥沙量

基于 W-OH 的凝胶固化修复技术的坡面径流携带泥沙量极差分析结果见表 4-18,从表中数据可以分析不同基材对坡面径流携带泥沙量的影响程度。

坡面径流携带泥沙量极差分析表(单位:g)　　表 4-18

因素水平	W-OH	植物纤维	保水剂	泥炭
N1	625.75	512.25	510.00	503.75
N2	519.50	500.75	502.25	509.25
N3	468.75	505.75	513.00	508.00
N4	414.50	509.75	503.25	507.50
极差	211.25	11.50	10.75	5.50

由表 4-18 可知,根据基于 W-OH 的凝胶固化修复技术的坡面径流携带泥沙量的极差分析结果,将基质各组成材料对坡面径流携带泥沙量均值的影响程度按由高到低排序,依次为 W-OH、植物纤维、保水剂、泥炭。其中,W-OH 的用量水平变化对坡面径流携带泥沙量的影响最大,极差约为 211g;泥炭的用量水平变化对坡面径流携带泥沙量的影响最小,约为 6g。

将坡面径流携带泥沙量随 W-OH 用量的变化绘制成折线图,如图4-26所示,可以明显看出,随着 W-OH 用量的增加,坡面径流携带泥沙量直线下降,说明单位面积上 W-OH 的用量越多,对坡面抗冲刷性能的提高越明显。为更为准确地研究坡面径流携带泥沙量随 W-OH 用量的变化规律,用直线函数进行拟合,得到的函数关系如下:

$$y = -2.282x + 815.15 \qquad R^2 = 0.965 \tag{4-4}$$

从拟合结果可以看出,坡面径流携带泥沙量与 W-OH 用量之间的线性关系非常明显。单位坡面上 W-OH 用量每增加 10mL,泥沙含量减少约 23g,防护效果明显,表明 W-OH 材料具备良好的抗冲刷能力,是一种优良的生态修复技术用抗冲刷材料。

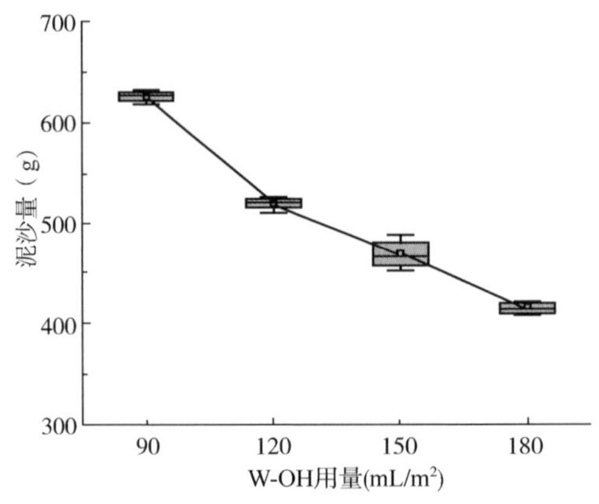

图 4-26　坡面径流携带泥沙量与 W-OH 用量的关系

4.3.2.2　人造抗侵蚀有机基质层修复技术的坡面径流携带泥沙量分析

将收集坡面径流后烘干得到的泥沙含量与人造抗侵蚀有机基质层修复技术的基质方案列于表 4-19。为更为直观地分析人造抗侵蚀有机基质层修复技术作用下不同基材方案对坡面径流携带泥沙量的影响，将表 4-19 中的数据以基材编号为横坐标、以泥沙量为纵坐标，绘制成柱状图，如图 4-27 所示。可以看出，对于不同的基材方案，坡面径流携带泥沙量存在着较大的差异。对比基于 W-OH 的凝胶固化修复技术作用下的坡面径流携带泥沙量数据，人造抗侵蚀有机基质层修复技术作用下的坡面径流携带泥沙量更少，即人造抗侵蚀有机基质层修复技术的抗冲刷性能比基于 W-OH 的凝胶固化修复技术优异。在人造抗侵蚀有机基质层修复技术作用下，不同基材配比方案对应的坡面径流携带泥沙量最大值为 422g，对应的基材编号为 1-1 号；坡面径流携带泥沙量最小值为 190g，对应的基材编号为 2-15 号；16 组基材对应的坡面径流携带泥沙量平均值为 296g。从图 4-27 可以明显看出，坡面径流携带泥沙量超过平均值的基材主要分布于前 8 组，后 8 组基材的坡面径流携带泥沙量均低于平均值。为确定人造抗侵蚀有机基质层修复技术的基材配比方案中不同成分及同一成分的不同用量对坡面径流携带泥沙量的影响情况，需要基于试验数据分别汇总并展开分析。

坡面径流携带泥沙量(单位:g)　　表 4-19

基材编号	2-1 号	2-2 号	2-3 号	2-4 号	2-5 号	2-6 号	2-7 号	2-8 号
泥沙量	422	404	412	416	303	316	308	310
基材编号	2-9 号	2-10 号	2-11 号	2-12 号	2-13 号	2-14 号	2-15 号	2-16 号
泥沙量	269	243	273	241	205	208	190	216

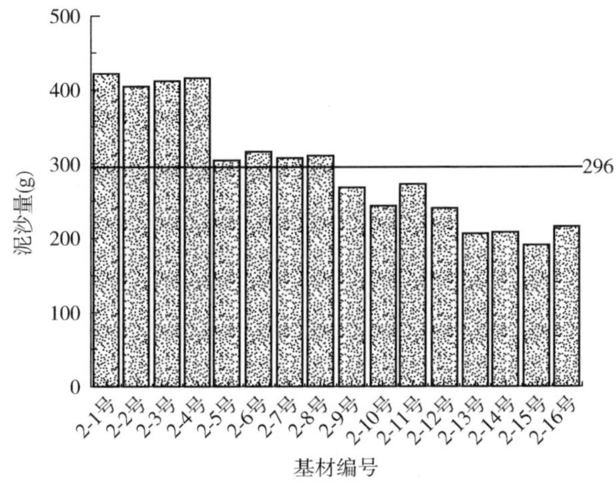

图 4-27　不同基材的坡面径流携带泥沙量

在人造抗侵蚀有机基质层修复技术的基材中,影响坡面抗冲刷性能的主要有抗侵蚀固土剂、人造壤土剂和黏合剂。为研究上述 3 种成分在不同用量时对坡面径流携带泥沙量的影响,分别统计抗侵蚀固土剂、人造壤土剂和黏合剂在不同用量时对应的坡面径流携带泥沙量数据,分别列于表 4-20、表 4-21 和表 4-22。

抗侵蚀固土剂用量与坡面径流携带泥沙量统计(单位:g)　　表 4-20

抗侵蚀固土剂用量 (kg/m^2)	泥　沙　量				
	样本 a	样本 b	样本 c	样本 d	平均值
0.3	422	404	412	416	413.50
0.4	303	316	308	310	309.25
0.5	269	243	273	241	256.50
0.6	205	208	190	216	204.75

人造壤土剂用量与坡面径流携带泥沙量统计(单位:g)　　表 4-21

人造壤土剂用量	泥　沙　量				
(kg/m²)	样本 e	样本 f	样本 g	样本 h	平均值
0.3	422	303	269	205	299.75
0.4	404	316	243	208	292.75
0.5	412	308	273	190	295.75
0.6	416	310	241	216	295.75

黏合剂用量与坡面径流携带泥沙量统计(单位:g)　　表 4-22

黏合剂用量	泥　沙　量				
(g/m²)	样本 j	样本 k	样本 m	样本 n	平均值
5	422	308	241	208	294.75
7	404	310	273	205	298.00
9	412	303	243	216	293.50
11	416	316	269	190	297.75

为更为清晰地对比分析不同用量的抗侵蚀固土剂、人造壤土剂和黏合剂与坡面径流携带泥沙量之间的关系,根据数据统计结果,绘制坡面径流携带泥沙量与不同浓度的 3 种材料的关系,如图 4-28 所示。从图 4-28可以看出,随着材料用量的增加,抗侵蚀固土剂对应的坡面径流携带泥沙量出现了大幅度的下降,说明当增加抗侵蚀固土剂用量时,可以使得坡面的抗冲刷性能大幅提高;而人造壤土剂和黏合剂用量的改变未造成坡面径流携带泥沙量的明显改变,在不同用量的人造壤土剂或黏合剂作用下,坡面径流携带泥沙量基本维持在同一水平。

采用线性回归对 3 种材料对应的坡面径流携带泥沙量平均值进行拟合。

受抗侵蚀固土剂影响的坡面径流携带泥沙量平均值的拟合方程为:

$$y = -679x + 601.55 \qquad R^2 = 0.949 \tag{4-5}$$

受人造壤土剂影响的坡面径流携带泥沙量平均值的拟合方程为:

$$y = -9x + 300.05 \qquad R^2 = 0.926 \tag{4-6}$$

受黏合剂影响的坡面径流携带泥沙量平均值的拟合方程为：

$$y = 0.225x + 294.2 \qquad R^2 = 0.958 \tag{4-7}$$

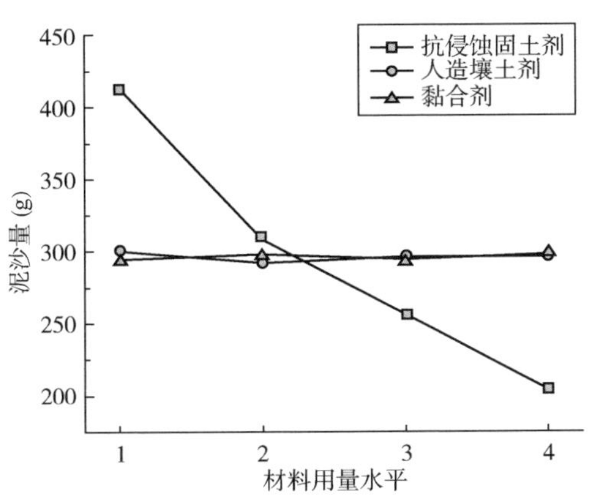

图 4-28　坡面径流携带泥沙量与不同用量的基质各成分的关系

根据上述拟合结果可知，单位面积的边坡上每增加 0.1kg 的人造壤土剂用量，坡面径流携带泥沙量减少约为 0.9g，说明增加人造壤土剂用量对边坡抗冲刷性能的改变很小。单位面积的边坡上的黏合剂用量每增加 1g，坡面径流携带泥沙量增加约 0.225g，表明人造抗侵蚀有机基质层修复技术基质中添加的黏合剂对边坡抗冲刷性能没有影响，甚至弱化了边坡的抗冲刷性能。单位面积的边坡上每增加 0.1kg 的抗侵蚀固土剂，坡面径流携带泥沙量减少约 68g，减少明显，说明抗侵蚀固土剂可以在边坡表面形成较为紧致的抗侵蚀层，抗侵蚀固土剂的用量越多，形成的抗侵蚀层越紧密，边坡的抗冲刷性能越好。

4.3.3　正交试验极差分析

极差指正交试验的某个因素在不同水平下，试验结果指标值的最大值和最小值之间的差。通常用极差来反映正交试验中因素的影响大小。极差越大表明对应因素对试验结果的影响越大，称之为主要因素；相反，极差的值越小，表明试验结果受相应因素的影响小，这种因素为次要因素。

根据基于 W-OH 的凝胶固化修复技术和人造抗侵蚀有机基质层修复技术的 32 种基材的实验结果，选取出芽量、生物量、土壤养分和径流含泥沙量四项指标，分别打分并计算综合得分。

4.3.3.1 基于 W-OH 的凝胶固化修复技术试验结果极差分析

基于 W-OH 的凝胶固化修复技术作用下的出芽量、生物量、土壤养分和坡面径流携带泥沙量四项指标的打分见表 4-23。

不同基材各项试验指标评分　　表 4-23

基材编号	出芽量（颗）	评分（A）	生物量（g/m^2）	评分（B）	土壤养分（0.0001%）	评分（C）	坡面径流携带泥沙量(g)	评分（D）
1-1 号	160	74	483	89	183.1	66	625	65
1-2 号	190	88	515	95	173.9	63	618	66
1-3 号	200	93	534	98	170.2	61	629	65
1-4 号	215	100	509	94	186.7	67	631	65
1-5 号	170	79	496	91	197.1	71	523	78
1-6 号	210	98	478	88	210.1	76	518	79
1-7 号	195	91	544	100	215.3	77	526	78
1-8 号	185	86	521	96	213.2	77	511	80
1-9 号	163	76	441	81	232.2	83	472	87
1-10 号	171	80	463	85	259.1	93	462	89
1-11 号	149	69	409	75	233.5	84	488	84
1-12 号	136	63	432	79	250.6	90	453	90
1-13 号	127	59	426	78	271.3	98	420	97
1-14 号	110	51	411	76	278.2	100	411	100
1-15 号	119	55	382	70	272.0	98	409	100
1-16 号	125	58	364	67	258.1	93	418	98

按照出芽量、生物量、土壤养分和坡面径流携带泥沙量 4 项指标的评分值各占 25%的权重，计算出基于 W-OH 的凝胶固化修复技术的 16

份基材的综合得分，见表 4-24。

不同基材综合评分结果　　表 4-24

基材编号	评分结果				
	评分(A)	评分(B)	评分(C)	评分(D)	综合得分
1-1 号	74	89	66	65	74
1-2 号	88	95	63	66	78
1-3 号	93	98	61	65	79
1-4 号	100	94	67	65	81
1-5 号	79	91	71	78	80
1-6 号	98	88	76	79	85
1-7 号	91	100	77	78	86
1-8 号	86	96	77	80	85
1-9 号	76	81	83	87	82
1-10 号	80	85	93	89	87
1-11 号	69	75	84	84	78
1-12 号	63	79	90	90	81
1-13 号	59	78	98	97	83
1-14 号	51	76	100	100	82
1-15 号	55	70	98	100	81
1-16 号	58	67	93	98	79

根据基于 W-OH 的凝胶固化修复技术的不同基材的综合评分结果，对正交试验结果进行极差分析，分析结果见表 4-25。

从表 4-25 可知，由于不同 W-OH 材料用量的 k_{12}最大（将 78、84、82 和 81.25 进行比较），因此 W-OH 的用量应取第 2 水平，即 W-OH 用量取 120mL/m^2；保水剂用量中 k_{12}最大，故保水剂用量应取第 2 水平，即保水剂用量为 5g/m^2；植物纤维用量中 k_{14}最大，故植物纤维用量应取第 4 水平，即植物纤维用量为 250g/m^2；泥炭用量中 k_{14}最大，故泥炭用量应取第 4 水平，即泥炭用量应为 6L/m^2。综上，最优的配比方案不在此次的 16 组试验方案中。

正交试验结果分析表 表 4-25

基材编号	因素				综合得分
	W-OH	保水剂	植物纤维	泥炭	
1-1 号	1	1	1	1	74
1-2 号	1	2	2	2	78
1-3 号	1	3	3	3	79
1-4 号	1	4	4	4	81
1-5 号	2	1	2	3	80
1-6 号	2	2	1	4	85
1-7 号	2	3	4	1	86
1-8 号	2	4	3	2	85
1-9 号	3	1	3	4	82
1-10 号	3	2	4	3	87
1-11 号	3	3	1	2	78
1-12 号	3	4	2	1	81
1-13 号	4	1	4	2	83
1-14 号	4	2	3	1	82
1-15 号	4	3	2	4	81
1-16 号	4	4	1	3	79
K_{11}	312.00	319.00	316.00	323.00	
K_{12}	336.00	332.00	320.00	324.00	
K_{13}	328.00	324.00	328.00	325.00	
K_{14}	325.00	326.00	337.00	329.00	
k_{11}	78.00	79.75	79.00	80.75	
k_{12}	84.00	83.00	80.00	81.00	
k_{13}	82.00	81.00	82.00	81.25	
k_{14}	81.25	81.50	84.25	82.25	
极差	6.00	3.25	5.25	1.50	

根据极差的计算结果，将各成分对试验结果的影响按从大到小进行排序，依次为 W-OH、植物纤维、保水剂、泥炭。

综合考虑上述分析结果，可以得到以下结论：基于 W-OH 的凝胶固化修复技术的最优基材配比方案为 W-OH 材料 120mL/m^2、植物纤维 250g/m^2、保水剂 5g/m^2、泥炭 6L/m^2。

4.3.3.2 人造抗侵蚀有机基质层修复技术试验结果极差分析

根据试验分析结果，人造抗侵蚀有机基质层修复技术的基材中，抗侵蚀固土剂和人造壤土剂两种材料均是用量越大，各项指标效果越优。但考虑到上述两种材料的价格比较高昂，为保证人造抗侵蚀有机基质层修复技术的经济可行性，在进行综合评分时将材料的价格作为一项指标。材料价格评分依托于抗侵蚀固土剂和人造壤土剂两种材料的用量进行，不考虑其他材料的用量及价格。对人造抗侵蚀有机基质层修复技术作用下的出芽量、生物量、土壤养分、径流含泥沙量和材料费用 5 项指标分别评分，评分结果见表 4-26。

不同基材各项试验指标及原材料价格评分　　表 4-26

基材编号	出芽量（颗）	评分（A）	生物量（g/m^2）	评分（B）	土壤养分（0.0001%）	评分（C）	坡面径流携带泥沙量（g）	评分（D）	材料费用	评分（E）
2-1 号	188	67	533	85	204.4	68	422	45	2	100
2-2 号	195	69	540	86	198.6	66	404	47	3	67
2-3 号	216	77	563	89	200.3	67	412	46	4	50
2-4 号	228	81	559	89	216.9	72	416	46	5	40
2-5 号	219	78	549	87	221.6	74	303	63	3	67
2-6 号	226	80	549	87	238.5	79	316	60	4	50
2-7 号	243	86	588	93	235.1	78	308	62	5	40
2-8 号	251	89	594	94	244.4	81	310	61	6	33
2-9 号	249	89	584	93	252.2	84	269	71	4	50
2-10 号	262	93	603	96	289.3	96	243	78	5	40
2-11 号	260	93	605	96	260.8	87	273	70	6	33
2-12 号	268	95	605	96	272.6	91	241	79	7	29
2-13 号	261	93	609	97	300.8	100	205	93	5	40
2-14 号	267	95	602	96	299.7	100	208	91	6	33
2-15 号	270	96	607	96	294.8	98	190	100	7	29
2-16 号	281	100	630	100	289.1	96	216	88	8	25

按照出芽量、生物量、土壤养分、坡面径流携带泥沙量和材料费用5项指标的评分值各占20%的权重，计算出人造抗侵蚀有机基质层修复技术的16份基材的综合得分，见表4-27。

不同基材综合得分　　表4-27

基材编号	评分结果					
	评分(A)	评分(B)	评分(C)	评分(D)	评分(E)	综合得分
2-1号	67	85	68	45	100	73
2-2号	69	86	66	47	67	67
2-3号	77	89	67	46	50	66
2-4号	81	89	72	46	40	66
2-5号	78	87	74	63	67	74
2-6号	80	87	79	60	50	71
2-7号	86	93	78	62	40	72
2-8号	89	94	81	61	33	72
2-9号	89	93	84	71	50	77
2-10号	93	96	96	78	40	81
2-11号	93	96	87	70	33	76
2-12号	95	96	91	79	29	78
2-13号	93	97	100	93	40	84
2-14号	95	96	100	91	33	83
2-15号	96	96	98	100	29	84
2-16号	100	100	96	88	25	82

根据人造抗侵蚀有机基质层修复技术的不同基材方案的综合评分结果进行极差分析，分析结果见表4-28。由于不同抗侵蚀固土剂材料用量的k_{24}值最大（将68、72.25、78和83.25进行比较），因此抗侵蚀固土剂材料的用量应取第4水平，即抗侵蚀固土剂用量取0.6kg/m^2；人造壤土剂用量中k_{21}最大，故人造壤土剂用量应取第1水平，即人造壤土剂用量为0.3kg/m^2；保水剂用量中$k_{22}=k_{24}$最大，综合考虑材料成本费用，保水剂用量取第2水平，即保水剂用量为4g/m^2；黏合剂用量中$k_{21}=76.5$最大，故黏合剂用量应取第1水平，即黏合剂用量应为5g/m^2；泥炭用量中$k_{21}=77.5$最大，故泥炭用量应取第1水平，即泥炭用量应为0L/m^2，基材中不需要添

加泥炭。综上,最优的配比方案不在本次的 16 组试验方案中。

正交试验结果分析表　　表 4-28

编　　号	抗侵蚀固土剂	人造壤土剂	保水剂	黏合剂	泥炭	综合得分
2-1 号	1	1	1	1	1	73
2-2 号	1	2	2	2	2	67
2-3 号	1	3	3	3	3	66
2-4 号	1	4	4	4	4	66
2-5 号	2	1	2	3	4	74
2-6 号	2	2	1	4	3	71
2-7 号	2	3	4	1	2	72
2-8 号	2	4	3	2	1	72
2-9 号	3	1	3	4	2	77
2-10 号	3	2	4	3	1	81
2-11 号	3	3	1	2	4	76
2-12 号	3	4	2	1	3	78
2-13 号	4	1	4	2	3	84
2-14 号	4	2	3	1	4	83
2-15 号	4	3	2	4	1	84
2-16 号	4	4	1	3	2	82
K_{21}	272	308	302	306	310	
K_{22}	289	302	303	299	298	
K_{23}	312	298	298	303	299	
K_{24}	333	298	303	298	299	
k_{21}	68	77	75.5	76.5	77.5	
k_{22}	72.25	75.5	75.75	74.75	74.5	
k_{23}	78	74.5	74.5	75.75	74.75	
k_{24}	83.25	74.5	75.75	74.50	74.75	
极差	15.25	2.5	1.25	2	3	

根据极差的计算结果,按各成分对试验结果的影响从大到小进行排序,依次为抗侵蚀固土剂、人造壤土剂、泥炭、黏合剂、保水剂。

综合分析可以得出:人造抗侵蚀有机基质层修复技术的最优基材配比方案为抗侵蚀固土剂 0.6kg/m^2、人造壤土剂 0.3kg/m^2、保水剂 4g/m^2、黏合剂 5g/m^2。

第 5 章　亚热带多雨区公路边坡生态修复新型技术

5.1　基于 W-OH 的凝胶固化修复技术

5.1.1　修复方法及适用范围

基于 W-OH 的凝胶固化修复技术采用的作业方法为液压喷播，将保水剂、植物纤维（稻壳、锯末、椰丝等）、复合肥、清水等制成具有一定黏稠度的悬浊液体，然后利用喷播设备将其喷射至需要修复的坡面上。基于 W-OH 的凝胶固化修复技术适用于亚热带多雨区的红黏土边坡及土质环境相似的边坡，边坡的坡度宜为 1∶1~1∶2。

5.1.2　基材组成及用量配比

基于 W-OH 的凝胶固化修复技术的基材组成及用量配比见表 5-1。

基于 W-OH 的凝胶固化修复技术基材组成及用量配比表　　表 5-1

材料名称	用量	单位	材料名称	用量	单位
种子	15~23	g/m²	泥炭	6	L/m²
复合肥	100	g/m²	W-OH	0.12	L/m²
保水剂	5	g/m²	无纺布	30	g/m²
植物纤维	250	g/m²			

5.1.3　工艺流程

5.1.3.1　施工设备

利用基于 W-OH 的凝胶固化修复技术开展边坡生态修复，需要用到液压喷播机、双管喷雾器和洒水车。其中，液压喷播机用于将基材（除 W-OH 外）搅拌均匀并喷射至边坡坡面，形成均匀覆盖的基质覆盖层；双管喷雾器主要用于喷洒 W-OH，喷雾器的两根管道分别供应水及 W-OH，在喷嘴位置处混合并经搅拌混合后喷洒至坡面，避免 W-OH 遇水后在喷洒至坡面前凝结为胶体；洒水车主要用于施工过程中的水源供应及施工后干旱天气条件下的洒水养护作业。

5.1.3.2　施工工序

基于 W-OH 的凝胶固化修复技术施工工序如图 5-1 所示。

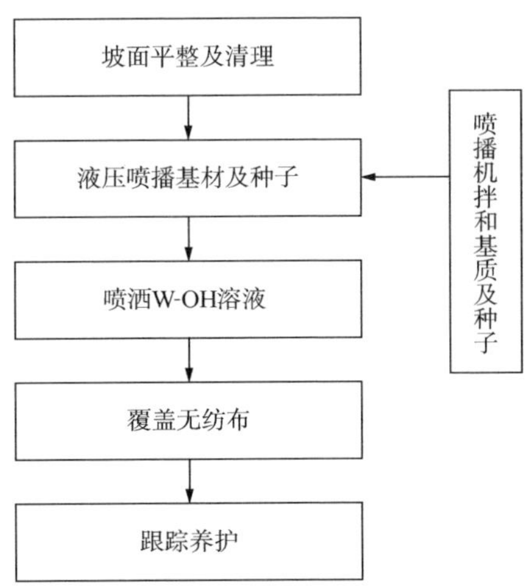

图 5-1　基于 W-OH 的凝胶固化修复技术施工工序

5.1.3.3　施工技术要点

W-OH 遇水会在 5min 左右的时间凝结固化，在施工过程中应保证 W-OH 远离水，防止遇水迅速固化而失效。

5.2 人造抗侵蚀有机基质层修复技术

5.2.1 修复方法及适用范围

人造抗侵蚀有机基质层修复技术采用两层喷播的方式进行边坡生态防护作业,底层为基于人造壤土剂材料的促生层,基材主要包括:人造壤土剂、保水剂、黏合剂、种植土、复合肥、种子;上层为基于抗侵蚀固土剂的防侵蚀层,基材主要包括:抗侵蚀固土剂、种子、复合肥。人造抗侵蚀有机基质层修复技术适用于亚热带多雨区红黏土土石混杂边坡及类似条件的坡体,边坡坡度宜为1∶1或小于1∶1。

5.2.2 基材组成及用量配比

人造抗侵蚀有机基质层修复技术的基材组成及用量配比见表5-2。

人造抗侵蚀有机基质层修复技术基材组成及用量配比表　　表5-2

材料名称		用量	单位
促生层	种子	10~13	g/m^2
	人造壤土剂	300	g/m^2
	保水剂	4	g/m^2
	黏合剂	5	g/m^2
	复合肥	60	g/m^2
	种植土	20	L/m^2
防侵蚀层	种子	10~13	g/m^2
	抗侵蚀固土剂	600	g/m^2
	复合肥	30	g/m^2
无纺布		30	g/m^2

5.2.3　工艺流程

5.2.3.1　施工设备

利用人造抗侵蚀有机基质层修复技术开展边坡生态修复，需要用到的施工设备主要包括空压机、装载设备（如铲车）、搅拌机、湿式液压客土喷播机等。

5.2.3.2　施工工序

人造抗侵蚀有机基质层修复技术的施工工序如图 5-2 所示。

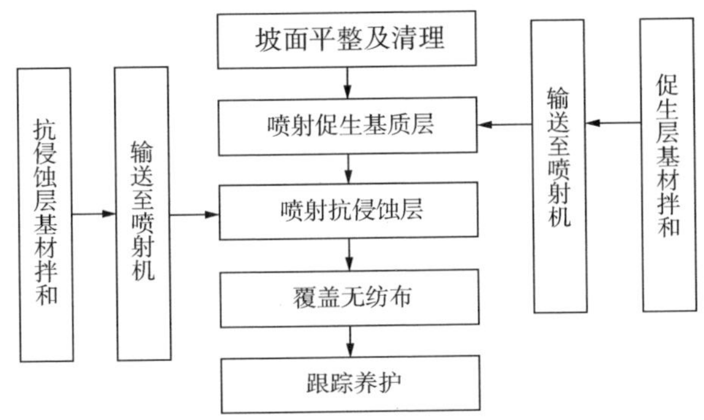

图 5-2　人造抗侵蚀有机基质层修复技术施工工序

5.2.3.3　施工技术要点

促生基质层为喷播的第 1 层，直接附着于坡面。防侵蚀层为喷播的第 2 层，附着于促生基质层上方。促生基质层与防侵蚀层的作业时间相差不应超过 1h。

5.3　基于废旧资源再利用的石质边坡生态修复技术

基于废旧资源再利用的石质边坡生态修复技术由废旧轮胎培土植草防护和废旧模板托板防护两种技术组成。其中废旧轮胎培土植草防护用于首级边坡坡面防护，废旧模板托板防护用于第二级边坡坡面防护。基于废旧资源再利用的石质边坡生态修复技术的基材配比为：种植土30%~35%，腐殖土30%~35%，稻壳（锯末、椰丝）20%~25%，复合肥5%~10%，保水剂2%~3%，黏结剂3%~5%。

废旧轮胎培土植草防护由废旧轮胎和锚杆共同组成。废旧轮胎的规格应基本一致，锚杆采用经防锈处理的废弃钢筋。采用废旧轮胎培土植草防护时，在每个废旧轮胎内部的上、下、左、右四个顶缘位置处布置锚杆。首先根据废旧轮胎的尺寸，在框架格梁当中定线确定锚杆位置，锚杆采用直径18mm的螺纹钢筋，长度为65~70cm，伸出坡面15~20cm（由废旧轮胎厚度确定），钻孔布置锚杆并灌浆；根据布置的锚杆位置，由下至上逐排安放废旧轮胎；相邻两废旧轮胎顶缘处的锚杆通过横向钢筋锚杆进行焊接连接，横向钢筋锚杆采用直径18mm的螺纹钢筋，长度由相邻顶缘处锚杆间距确定；横向钢筋锚杆全部焊接完毕后，在废旧轮胎上部进行铁丝网挂网处理，铁丝网须与横向钢筋锚杆绑扎固定；采用客土喷播的方式进行坡面基质层的填充，利用客土喷播设备在坡面上喷播基质混合物直至基本覆盖废旧轮胎层，后利用喷播设备将种子喷播至坡面。废旧轮胎自身具有一定的强度和刚度，可以承受坡表喷播基质层的蠕动下滑力，废旧轮胎承受的下滑力传递给锚杆并由锚杆传递至坡面，在边坡锚杆提供的锚固力作用下达到稳定状态。

废旧模板托板防护主要由锚杆和废旧模板组成。锚杆采用经防锈处理的废弃钢筋。采用废旧模板托板防护时，首先对坡面进行挂网处理；在坡面上沿纵向相隔30~40cm钻孔埋设锚杆，注浆凝固，锚杆采用直径18mm螺纹钢筋，长度为35~40cm，伸出坡面15~20cm，相邻锚杆水平间距取50~60cm；根据框架格子梁的宽度，截取废旧模板，长度为3m，宽度为15~20cm（以不超出格子梁平面为宜），然后在截取好的模板表面涂刷沥青，防止模板腐蚀，延长使用寿命；根据锚杆的间距在废旧模板上钻孔，用于废旧模板与锚杆的固定绑扎；安装固定废旧模板作为托板；在废旧模板上方，通过客土喷播的方式在坡面和废旧模板上方喷播基质，基质层厚度应在 10cm 以上。废旧模板可以增大坡面上营养基质的承载面积，在更长时间内为植物生长提供养分，保证生长的养分供应。

采用废旧轮胎培土植草防护和废旧模板托板防护，施工前应检查坡面是否存在出水问题，若有出水则需安装排水管进行导流处理。

第6章　亚热带多雨区公路边坡生态修复实践——广东惠清高速公路案例

6.1　依托工程概况

6.1.1　工程建设背景

依托汕湛高速公路惠州至清远段(简称“惠清高速公路”)工程开展亚热带多雨区公路边坡生态修复实践。惠清高速公路是《广东省高速公路网规划(2013—2030年)》中“二横”——汕头至湛江高速公路的重要路段,位于珠江三角洲(简称“珠三角”)北部地区,是珠三角地区与粤北山区之间过渡地带的东西向重要通道,便捷连通了广东省中部地区各城市,也使广东省东、西两翼间又增加一条快速运输通道,可有效提高区域内高速公路网络化水平。惠清高速公路线路途经惠州、广州和清远三市,全长126km,路基宽33.5m,设计时速100km。工程涉及多处旅游观光区、环境敏感区及自然保护区,受关注程度高,存在工程规模、投资规模大,工程建设技术难度大、实施困难、环境保护难度大等诸多难点。工程地处粤东北丘陵地区,地形起伏较大,局部陡峭,坡体地面最大高程约200m,自然坡角最大约50°。公路沿线坡体植被生长状况极佳,主要生长植物为灌木和蕨类植物,零星分散有少数松树。工程全线及施工便道共设置路堑边坡600

余处，边坡土体主要为燕山期花岗岩的风化层，其中最大坡高不小于 50m 的边坡有 10 余处，最大坡高不小于 30m 的边坡 150 余处，边坡防护难度大，生态环保要求高，必须采取切实可行的边坡生态修复措施进行沿线边坡的生态修复，降低公路项目建设对生态环境造成的破坏性影响。

惠清高速公路地处华南地区。华南地区是我国的七大地理分区之一，位于我国南部地区，包括三个省份——广东省、海南省、广西壮族自治区和两个特别行政区——香港特别行政区、澳门特别行政区[47]。从地理位置上讲，华南地区位于我国最南部，属于亚热带季风型气候，夏季高温多雨，具有雨季长、雨量大、湿度大、光照强等特点，同时多数地区年降水量为 1400~2000mm[48]，降水量充沛，雨季容易发生边坡滑坡和溜塌，因此对于边坡的抗冲刷和抗侵蚀性具有较高要求。

区域内广泛地分布着红黏土，根据《工程地质手册》的相关定义，红黏土为碳酸盐系出露区的岩石经红土化作用形成的棕红、褐黄等色的高塑性黏土，其液限一般大于 50[49]。红黏土最早在 1958 年被发现于我国的云贵高原，最初简单限制为碳酸盐岩系上覆盖的红土[50]。之后经过地质工作者的相关实验研究和实践经验，逐步对红黏土区别于其他黏土的特殊性质有了更为清楚的认识。红黏土特殊的地质特征主要表现为天然含水率高（介于 35%~50%，最高值超过 70%）、液限高（介于 50%~65%，个别峰值大于 100%）、孔隙比高、保水性能强、高温失水开裂、下软上硬、密实度低、压缩性低、相对强度较高、干缩效应明显、遇水易软化的特点[51]。红黏土边坡受环境因素的扰动影响较大，容易出现坍塌、溜塌等病害，在雨季常常会出现边坡安全失稳事故[52]。在亚热带多雨区，危险系数更高且长里程的高速公路建设会形成大量的红黏土裸露边坡，对公路工程的施工和运营安全存在较大影响。因此，为较好地解决亚热带多雨区高速公路红黏土边坡的生态修复问题，引入新型功能材料，开展适宜于亚热带多雨区气候特征和土壤特性的边坡生态修复技术研究。

考虑到亚热带地区的多雨特性和红黏土边坡的自身特点，开展亚热带多雨区高速公路红黏土边坡的生态修复,必须针对性地解决边坡所存在的抗冲刷性能差、水土流失严重、植物种子易被冲刷等问题[53]。

为对比研究两种新型边坡生态修复技术与传统边坡防护技术的应用效果,在惠清高速公路的施工现场选取试验边坡(图 6-1),开展新型生态修复技术与传统技术的对比试验。

图 6-1 惠清高速公路红黏土边坡现场图

6.1.2 工程区域自然环境概况

6.1.2.1 地形地貌

本项目全线穿越惠州市、清远市和从化区三个行政区域,沿线总体呈现中高、两端低的特征,河流方向主要为自北向南,地貌类型总体以丘陵为主。

6.1.2.2 气象特征

本工程项目所在区域属于广东省北部地区,气候类型属中亚热带季风型,气候的主要特点为光照充足、雨量充沛、季风明显,所辖区域四季分明,各有特色,春季湿热、夏季多雨,秋季凉爽,冬季短暂。沿线多年平均气温为 18.1~21.1℃,最高气温为 38.3~39.5℃,多年最低气温为-3.6~-7.5℃。项目沿线的年降雨量大,根据多年来的降雨量统计结果,沿线的年平均降雨量为 1735~2196mm,年最大降雨量为 2423~2810mm,月度最大降雨量为 612mm~839mm。每年的 4 月份至 7 月份为雨季,此间的降雨量在当年总降雨量的占比为 55%~75%。

6.1.2.3　水文地质概况

项目区域的主要水系为北江的支流滃江。滃江发源于佛冈县水头镇上潭洞村的通天蜡烛顶,向西流,与四久、黄花河、滃三、高桥水等支流会合后与江口汛汇入北江。流域集水面积1386平方公里,河长82公里,河床平均比降1.74%。平均年径流量6.88亿立方米。主要支流有牛头水、四九水、龙南水等。区内河流网密布,水量充沛,夏秋季降雨量大,常有洪水发生。

路线所经地区的地貌单元主要包括丘陵、剥蚀残丘、河流谷地、山间洼地等地貌,并以丘陵、剥蚀残丘地貌分布面积最大(约占80%)。路线东部、中部海拔一般为50~230m,相对高差一般在50~150m,西部地区海拔较低,一般为20~70m,相对高差30~80m。山坡坡度一般为10°~35°,山体上植被较发育,第四系覆盖层相对较厚,基岩零星出露,农田广泛分布,山地则多为林地,以松木、杉树、桉树、灌木为主,少量为果树种植基地;西部为剥蚀残丘、河流谷地为主,山坡平缓,地形较平坦、开阔,河网密布,自然地面海拔高程一般为20~70m。

6.1.2.4　区域生态概况

项目沿线基本上属丘陵区,人类开发历史悠久,干扰较大,原生植被基本不复存在,多为常见种和广布种,动植物资源种类相对较少。依公路沿线的自然地理状况和植被状况,本项目所经过地区总体上以林地生态、农业生态为主,两种生态区相互交错,并无明显区段界限,各生态区特征如下:

①农业生态区:基本特征主要表现为人工种植农作物、水果,农作物种植种类主要为水稻、蔬菜等,水果主要为桔、荔枝和龙眼等,在农田和果园内分布着一些野生动植物。由于受到人类的干扰影响较大,现场踏勘没有发现重点保护的动植物分布,区内分布的野生动物多为适应人工生境和人类扰动的常见种和广布种。

②林地生态区:基本特征主要表现为人为扰动大,原生植被极少,次生

植被以人工栽植为主,主要为桉树、马尾松、杉木等,在其林下分布一些灌草、灌木等,动植物种类相对较多,但仍受到林业生产等人类的干扰影响。现场踏勘没有发现重点保护的动植物分布,多为该区域的常见种和广布种。

6.2 试验边坡

选择2处试验边坡开展边坡生态修复技术现场试验,分别为用于开展基于W-OH的凝胶固化修复技术试验的红黏土土质边坡和用于开展人造抗侵蚀有机基质层修复技术试验的红黏土土石混杂边坡。

6.2.1 红黏土土质试验边坡

红黏土土质试验边坡位于惠清高速公路TJ5合同段,桩号为AK0+120~210,共分为3级。场区属于低山丘陵地貌,地形起伏较大,坡体地面高程385~424m,自然坡角最大约36°,山体植被发育。根据勘察设计资料,边坡主要由燕山期花岗岩及其风化层组成,土质主要为红黏土。

试验边坡的分级信息及相应采用的工程防护措施见表6-1。

红黏土土质试验边坡分级信息及防护措施　　表6-1

级数	坡高	坡度	防护措施
一级	10m	1:1	人字形骨架+CF❶生态网防护
二级	10m	1:1	人字形骨架+CF生态网防护
三级	9m	1:1.25	人字形骨架+CF生态网防护

注:椰网(CF)是用100%的椰子纤维做成的网格,是硬纤维和床垫长纤维的混合体,含0.25%半纤维素酶、45%木质素、43%纤维素和4%的胶质。

开展基于W-OH的凝胶固化修复技术现场应用试验的具体位置为试验边坡的第一级边坡,如图6-2所示。除表6-1中所列的工程防护措施外,试验点的原设计生态防护方案为喷播植草,试验过程中取约二分

❶ CF:Coconut Fiber,椰纤维。

之一面积的坡体维持原防护方案，另外的约二分之一面积的坡体采用基于 W-OH 的凝胶固化修复技术。

图 6-2　红黏土土质试验边坡现场照片

6.2.2　红黏土土石混杂试验边坡

红黏土土石混杂试验边坡位于惠清高速公路 TJ5 合同段，桩号为 AK1+140～479.5，为一 M 形边坡。场区属于低缓丘陵地貌，地形起伏较大，坡体地面高程 429.1～453m，自然坡角最大约 35°，山体植被发育，生长松树及各种灌木、蕨类植物。根据勘察设计资料，坡体覆盖层主要为红黏土，基底由侏罗系砂岩、构造角砾岩及其风化层组成。

试验边坡分级信息及对应采用的防护设计方案如表 6-2 所示，试验边坡现场如图 6-3 所示。

红黏土土石混杂试验边坡分级信息及防护措施　　表 6-2

级数	AK1+140～AK1+370			AK1+370～AK1+479.5		
	坡高	坡度	防护措施	坡高	坡度	防护措施
一级	10m	1：0.75	锚杆格梁+CF 生态网防护	10m	1：0.75	锚杆格梁+CF 生态网防护
二级	10m	1：1	人字形骨架+CF 生态网防护	10m	1：0.75	锚杆格梁+CF 生态网防护
三级	10m	1：1	人字形骨架+CF 生态网防护	10m	1：1	锚杆格梁+CF 生态网防护
四级	1.2m	1：1.25	CF 生态网防护	10m	1：1	人字形骨架+CF 生态网防护
五级	—	—	—	7.47m	1：1.25	CF 生态网防护

图 6-3　红黏土土石混杂试验边坡现场照片

开展人造抗侵蚀有机基质层修复技术现场应用试验的具体位置为试验边坡的第二级边坡。除工程防护措施外，边坡的原设计方案采用的生态防护措施为 CF 网喷灌植草，开展试验时，选取该处边坡的约二分之一面积的坡体维持原设计方案，另外约二分之一面积的坡体工程防护措施不变，但将 CF 网喷灌植草防护方案换为人造抗侵蚀有机基质层修复技术。

6.3　边坡生态修复技术方案对比

基于试验边坡的选择和开展新型边坡生态修复技术现场应用的目的，本次边坡生态修复技术现场应用共涉及 4 种技术，其中 2 种为本研究提出的新型生态修复技术——基于 W-OH 的凝胶固化修复技术和人造抗侵蚀有机基质层修复技术，另外 2 种分别为试验边坡的原有设计方案所采用的技术——喷播植草防护技术和 CF 网喷灌植草防护技术，作为对比试验，进行了与新型技术的对比研究。对比试验的对应关系如表 6-3所示。现场试验过程如图 6-4 所示。其中，喷播植草防护技术和 CF 网喷灌植草防护技术是目前土质边坡及土石混杂边坡生态修复中经常选用的两种技术，具有一定的代表性。两种新型边坡生态修复技术的具体基质配置方案及作业流程见第 5 章，其他两种传统防护技术的技术方案见表6-3。

边坡生态修复技术方案对比对应关系表　　表6-3

边坡类型	新型边坡生态修复技术	做对比的现有技术
土质边坡	基于W-OH的凝胶固化修复技术	喷播植草技术
土石混杂边坡	人造抗侵蚀有机基质层修复技术	CF网喷灌植草技术

图6-4 生态修复技术试验现场

6.3.1 喷播植草技术

喷播植草是将包含种子在内的纤维、肥料、黏合剂等加水拌和制成具备一定黏稠度的液体,然后利用专用的喷播设备喷射至需要防护的坡面上,之后在喷射层上方铺设CF生态网并用锚钉加以固定,然后在上方覆盖无纺布。喷播植草所采用的喷播基材组成及用量配比见表6-4。

喷播植草防护技术基材组成及用量配比表　　表6-4

材料名称	用量	单位	材料名称	用量	单位
种子	13~25	g/m²	保水剂	5	g/m²
复合肥	80	g/m²	木纤维	200	g/m²
有机肥	150	g/m²	无纺布	30	g/m²
黏合剂	3	g/m²			

6.3.2 CF 网喷灌植草

CF 网喷灌植草技术是通过制备由种植土、纤维料、肥料、有机质等按照一定比例形成的高营养客土基材，喷播至坡面上形成厚层基质层，为植物的生长提供有效的养分供应，同时在边坡表面加设 CF 网，提高坡面的抗冲刷能力，保证植物生长前期不会出现基材及种子流失的现象。CF 网喷灌植草技术的基材组成及用量配比见表 6-5。

CF 网喷灌植草技术基材组成及用量配比表 表 6-5

材料名称		用量	单位
培养基	种植土	16	L/m²
	泥炭	6	L/m²
	稻草纤维	1200	g/m²
	复合肥	100	g/m²
	有机肥	450	g/m²
	木粉	6	L/m²
	黏合剂	5	g/m²
种子层	种子	25~35	g/m²
	木纤维	200	g/m²
	黏合剂	3	g/m²
	保水剂	5	g/m²
	复合肥	40	g/m²
CF 网		1.2	m²/m²
无纺布		30	g/m²

CF 网也被称为椰子壳纤维网，是完全用椰子纤维做成的网状结构。椰子纤维的主要成分为床垫纤维与硬纤维的混合体，组成为木质素 45%、纤维素 43%、胶质 4%和半纤维素酶 0.25%，具有抗拉强度高和伸长率低的特性。在边坡防护过程中使用 CF 网，能够增加坡面的粗糙程度，降低坡面的径流流速，特有的网状结构可将坡面径流变为漫流，从而有效地减轻径流对坡面的冲刷。此外，椰子纤维还可以截留并吸收部分

水分,增强坡面的防水性能。

6.3.3 边坡生态修复技术试验种子配比方案

在边坡生态修复技术的现场试验过程中,土质边坡及土石混杂边坡的新型边坡生态修复技术及类比技术均采用相同的种子配比方案,见表 6-6。4 种植物的外观照片见图 6-5。

生态修复试验种子配比方案　　表 6-6

序号	植物名称	植物类型	简　介	用量(g/m^2)
1	百喜草	禾本草本	耐阴抗旱,耐贫瘠,具有发达的纵向根系	8~10
2	狗牙根	禾本草本	生长快,具有发达的横向根系,蔓延迅速,覆盖性好	6~8
3	山毛豆	豆科灌木	耐旱耐寒,对土壤要求低	2~3
4	盐肤木	豆科灌木	生长迅速,根系发达,适应性强,耐寒性好	4~6

a)百喜草

b)狗牙根

c)山毛豆

d)盐肤木

图 6-5　生态修复试验所选植物示意图

6.4 边坡养护与跟踪观测方案

6.4.1 边坡养护方案

为保证边坡生态修复技术的应用效果，需要制订有针对性的边坡养护方案，定期开展灭虫、追肥等坡面养护作业，避免出现养护不得当或过度养护现象，实现科学高效养护，减少养护成本投入及浪费。

试验过程中，土质试验边坡及土石混杂试验边坡的新型技术与传统技术均采用一致的养护措施，主要分为如下3个阶段：

1）植物出苗期（播种后1~30d）

植物出苗期一般指植物从长出第一片叶片、根部出现侧根，到开始快速生长的时期。在这个阶段，需要采取必要的催芽措施，促进植物尽快发芽；需要保持土壤的水分供应，不能干旱，但也不能过度灌溉，防止出现土壤水分过多抑制种子呼吸而影响发芽的情况。

2）植物速生期（播种后1~2个月）

植物速生期指植物生长最为旺盛的阶段。在这一阶段，应加强水、肥供应，适时适量地为植物浇水施肥，同时避免出现施肥过多导致的植物烧苗、死苗现象。

3）植物成坪期（播种后2~3个月）

植物成坪期指植物快速生长结束，基本成坪，覆盖坡体的阶段。在该阶段，应适时进行追肥和灌溉，追肥应多次少量，雨季应注意坡面的排水防涝；同时还应及时除虫，防止出现病虫害。

6.4.2 跟踪观测方案

为研究新型边坡生态修复技术的现场应用效果并与传统技术进行对比，试验边坡施工完成后，需要对试验点进行定期的跟踪观测，同时通过采样等方式获取土壤养分及植物生长状态的指标数据。试验过程中,主要从植物生长的植生效益和对坡体的土壤改良效益两个方面进行植物和土壤的相关指标的测定。

在试验边坡施工完成后的第 2 个月、第 3 个月、第 4 个月分别开展现场采样及试验工作,3 次跟踪监测的时间分别为植物生长的第 60d、第 90d 和第 120d。应用边坡生态修复技术一定时期后的边坡生态修复效果如图 6-6 所示。

图 6-6　边坡生态修复效果

第7章　亚热带多雨区边坡生态修复的生态效益分析

7.1　植物生长生态效益分析

为验证不同边坡生态修复技术应用一定时期后的实际效果，依托广东省惠清高速公路，开展边坡生态修复植生效益试验研究。试验指标主要包括植物株高、密度、覆盖度、均匀度和生物量，以明确不同边坡生态修复技术作用下植物生长生态效益随生长周期的动态变化规律。

7.1.1　株高与密度

7.1.1.1　试验指标及测量方法

植物株高及密度的指标采集方法见表7-1。试验过程中，为避免误差，每个取样点的株高及植株密度数据均测量3次，见图7-1。

株高与密度的定义及测量方法　　表7-1

指标	定　义	单位	采样点设置	测定方法
株高	植物茎叶最高点到其根部与地面交点的距离	cm	在实验边坡的中间位置，从左至右依次设置3个取样点	拉直植物的茎叶，用尺子进行测量，一般测量2~3次取平均值
密度	坡面单位面积内的植株数量	株/m^2		在坡面上设置1m×1m的样方，按照一定的顺序依次计数，计数过程中应避免遗漏

7.1.1.2　试验数据分析

采集的植物株高及密度数据如表7-2所示，表中所记录数据的格式为"平均值±标准差"，各数据之后的字母的不同代表着随采样时间变化存在着显著差异，植物密度数据在取平均值时按照四舍五入的原则取整。采用EXCEL软件进行数据统计，采用SPSS 24.0的ANOVA功能进行数据的单因素方差分析。

图7-1　植物株高、密度测定

不同采样时间的边坡植物株高、密度数据　　表7-2

边坡生态修复技术	植物生长周期	试验指标	
		株高(cm)	密度(株/m^2)
基于W-OH的凝胶固化修复技术	60d	27.7±18.6a	105±21.6a
	90d	53.8±17.9b	112±24.1a
	120d	80.8±14.3c	118±25.7a
	p	0.000	0.499
喷播植草	60d	26.4±12.9a	93±20.9a
	90d	49.8±13.8b	99±12.9a
	120d	79.6±17.5c	105±34.3a
	p	0.013	0.528
人造抗侵蚀有机基质层修复技术	60d	39.3±28.1a	120±20.1a
	90d	62.8±13.5b	149±14.3a
	120d	93.3±23.1c	175±22.4a
	p	0.043	0.054

续上表

边坡生态修复技术	植物生长周期	试验指标	
		株高(cm)	密度(株/m^2)
CF 网喷灌植草	60d	37.8±28.2a	115±15.6a
	90d	55.5±15.9a	121±34.9a
	120d	88.1±28.6b	129±25.3a
	p	0.001	0.502

植物不同生长周期株高对比见图 7-2,结合表 7-2 中的数据可知,随着植物的生长,采用不同修复技术的试验边坡均表现出了一致的规律性,植物株高随着生长周期而不断增高。但在采用不同技术的试验边坡上,植物株高在跟踪观测期内出现了较大的差异,其中,采用人造抗侵蚀有机基质层修复技术的试验边坡植物生长最为明显,高达 54cm。根据方差分析结果可以看出,植物株高和植物生长周期之间的差异性显著,表明种植植物后,植物在跟踪观测期内快速生长。在红黏土土质边坡,采用基于 W-OH 的凝胶固化修复技术的试验边坡的观测期末平均株高为 80.8cm,略高于喷播植草技术的 79.36cm;采用喷播技术的试验边坡的观测期末株高差值为 53.2cm,高于基于 W-OH 的凝胶固化修复技术。在红黏土土石混杂试验边坡,采用人造抗侵蚀有机基质层修复技术的试验边坡的观测期末平均株高为 93.3cm,高于 CF 网喷灌植草的 88.1cm。

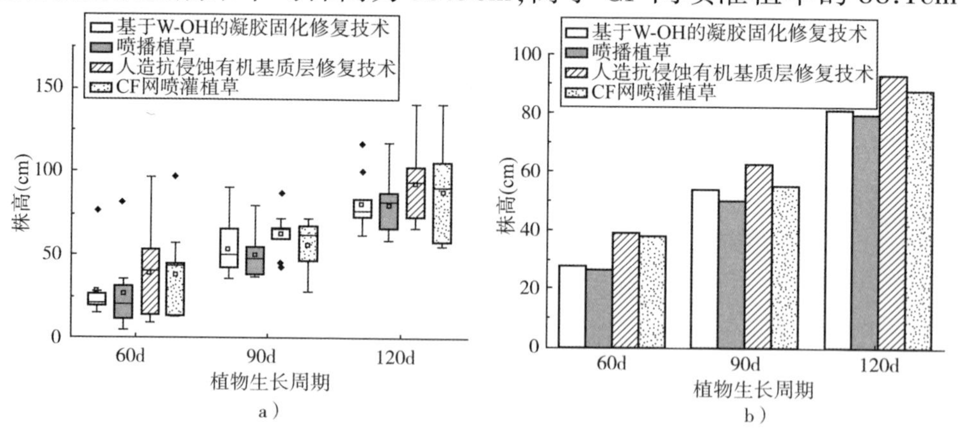

图 7-2　不同生长周期的株高对比

由此可见,不同的修复技术对植物株高产生了不同的影响;对于土质试验边坡,两种技术的作用效果差异不太明显;对于土石混杂试验边坡,人造抗侵蚀有机基质层修复技术作用下的植物生长最为迅速,说明该技术的基材对植物生长的促进作用更为明显。

植株密度可以反映植物生长速度的快慢差异。从表 7-2 和图 7-3 可以看出,与植物株高随生长周期的变化规律相近,植株密度随着植物生长也呈现增加趋势。但由方差显著性分析结果可知,植株密度与生长周期之间的差异性不显著,即不同观测周期的植株密度变化不太明显。分别对比两种边坡,对于土质边坡,在三个观测阶段内,采用基于 W-OH 的凝胶固化修复技术的试验边坡的植物密度均略高于喷播植草技术,最大差异为 13 株/m^2,说明 W-OH 形成的凝胶固化层对于避免种子被冲刷及促进植物发芽生长的效果更为优异;对于土石混杂试验边坡,随着植物生长,采用人造抗侵蚀有机基质层修复技术的试验边坡的植株密度与采用 CF 网喷灌植草技术的试验边坡的植株密度差异增大,在 120d 时密度差异最大高达 46 株/m^2,说明随着植物生长,不同的边坡生态修复技术对植物生长的影响愈发显著。

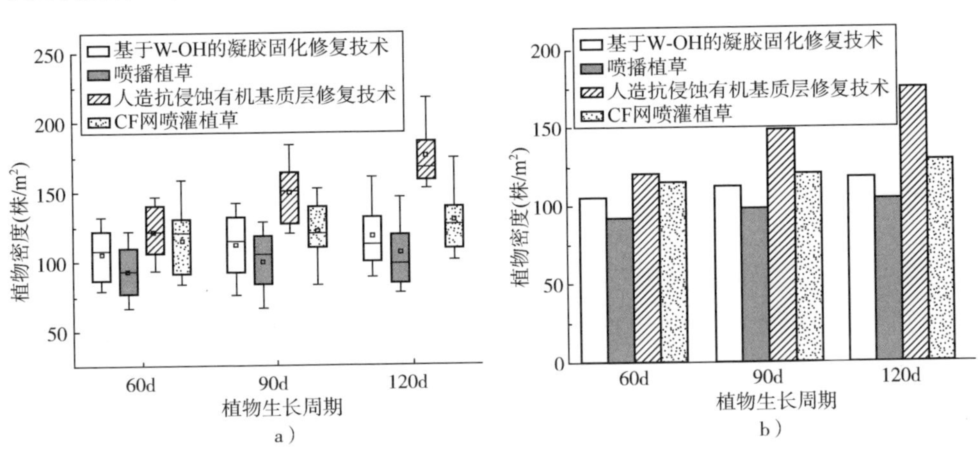

图 7-3　不同生长周期的植株密度对比

7.1.2 植物覆盖度与均匀度

7.1.2.1 试验指标及测量方法

植物的覆盖度与均匀度的定义及测量方法见表7-3,评分表见表7-4。试验过程中每个样地均进行3次试验。均匀度由5人打分后取平均值。

植物覆盖度与均匀度的定义及测量方法 表7-3

指标	定　义	单位	采样点设置	测定方法
覆盖度	一定区域内植物茎叶在地面上的投影面积占区域总面积的百分比	%	在试验边坡的中部位置,从左至右依次设置3个取样点	划定试验区域并用工具进行围挡,然后将样方划分为小的单元格,在每个单元格的节点上使针从高处自由落下,针尖接触到植物茎叶记为"有",反之记为"无"。计算"有"与总次数的比值,每个样方的落针试验次数不应低于50次
均匀度	边坡植物生长的整齐程度	—	试验边坡整体	目测打分法,请多人次对试验边坡进行多次打分后取平均值,评分规则见表7-4

植物均匀度评分表 表7-4

植物生长状态	评分分值	植物生长状态	评分分值
植物参差不齐,株高差异非常大	0~4	植物整齐,高度一致或基本一致	7~9
植物株高不一致且差异较大	5~6		

7.1.2.2 试验数据分析

采集的植物覆盖度与均匀度数据见表7-5,表中覆盖度数据的记录格式为"平均值±标准差",各数据之后的字母的不同代表着随采样时间变化存在着显著差异,植物均匀度数据在进行取平均值按照四舍五入的原则进行取整。采用EXCEL软件进行数据统计,采用SPSS 24.0的ANOVA功能对覆盖度数据进行单因素方差分析。

试验边坡植物覆盖度与均匀度数据统计表　表 7-5

边坡生态修复技术	植物生长周期	试验指标	
		覆盖度(%)	均匀度
基于 W-OH 的凝胶固化修复技术	60d	90±13.2a	6
	90d	93±19.5a	8
	120d	94±9.4a	7
	p	0.090	—
喷播植草	60d	88±24.5a	5
	90d	91±11.2a	7
	120d	93±23.5a	6
	p	0.680	—
人造抗侵蚀有机基质层修复技术	60d	95±12.6a	7
	90d	97±19.4a	9
	120d	98±22.1a	8
	p	0.130	—
CF 网喷灌植草	60d	93±30.2a	6
	90d	95±20.1a	9
	120d	96±28.5a	8
	p	0.530	—

边坡植物的覆盖度对于边坡防护具有重要意义。覆盖度越大的边坡,雨水对坡面直接作用的面积越小,对坡面径流的分流作用越明显,进而起到较好的固土作用。由表 7-5、图 7-4 和图 7-5 可知,在 60d 时各个试验边坡已经达到了较高的覆盖度水平,且随着植物生长,各试验边坡的植物覆盖度均有增加。在 3 次取样的过程中,采用喷播植草技术的边坡的覆盖度增加最为明显,达到 5 个百分点;采用人造抗侵蚀有机基质层修复技术及 CF 网喷灌植草技术的边坡的覆盖度增加相同且均为最小,均为 3 个百分点,表明随着植物生长,植物茎叶逐渐增高、增大,对坡体的覆盖作用随之增大。根据方差显著性分析结果,植物覆盖度受生长周期变动的影响较小,均处于不显著水平。对于土质边坡,第 1 次采样时,采用基于 W-OH 的凝胶固化修复技术的边坡的植物覆盖度高于采用喷播植草技术的边坡的植物覆盖度,差值为 2 个百分点,但第 3 次采样时差值降为 1 个

百分点，且采用喷播植草技术的边坡的植物覆盖度在监测周期内的变化最为明显，说明相比于喷播植草技术，基于 W-OH 的凝胶固化修复技术可以促进植物生长，更快地实现坡面的全面覆盖；对于土石混杂边坡，采用两种技术的边坡的植物覆盖度差异不明显，在第 2 次采样时均能达到 95%，说明两种技术对于植物生长的促进作用均较为显著。

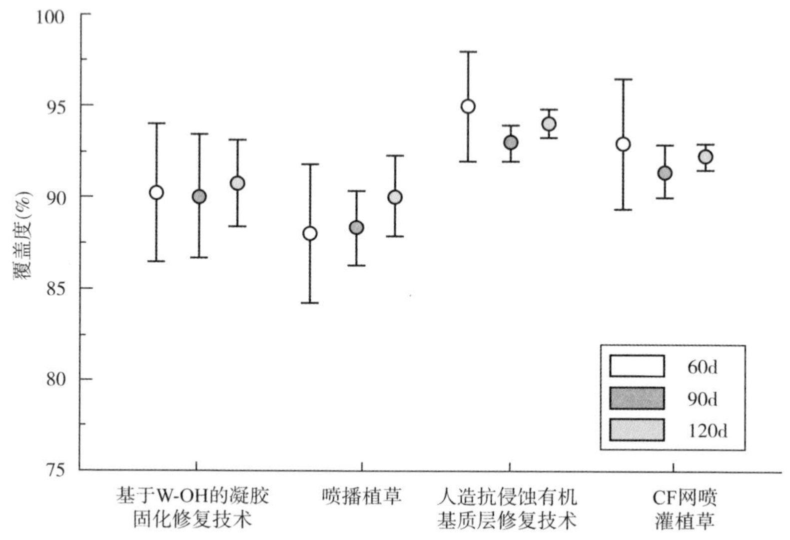

图 7-4　采用不同生态修复技术的覆盖度随植物生长的变化

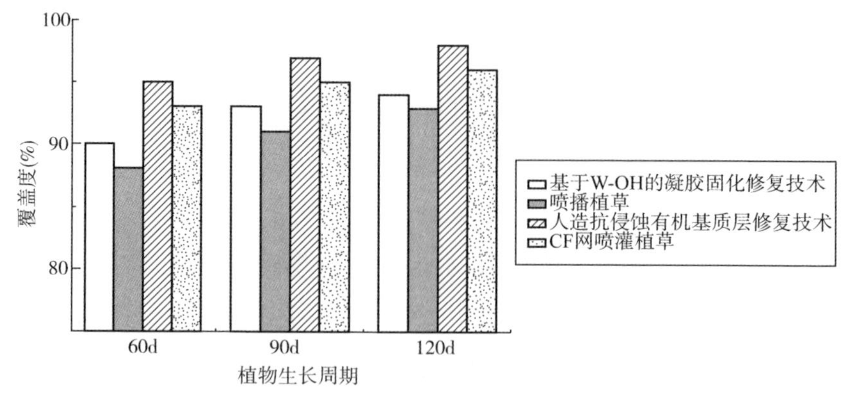

图 7-5　不同植物生长周期的覆盖度平均值对比

均匀度能够反映出人们对边坡生态修复技术植被构建效果的直接感受,均匀度越高表明边坡植被越具有美感。从表 7-5 可知,采用不同生态修复技术的边坡的植物均匀度随着植物生长均呈现先增加后降低的趋势。对于红黏土土石混杂边坡,两种修复技术在第 2 次评分时均匀度达到最高分(9 分);对于土质边坡,两种技术在第 2 次评分时均匀度最好。对于土质边坡,基于 W-OH 的凝胶固化修复技术的植物均匀度在 3 次观测时均优于喷播植草技术,结合株高和密度数据,采用喷播植草技术的边坡植物生长相对缓慢,均匀度不佳;对于土石混杂边坡,两种修复技术除第 1 次评分外,其他 2 次评分均相同,表明植物生长速度一致。

7.1.3　生物量

生物量采样时应保证样方内的植物茎叶及干枯的茎叶均被收集。试验边坡的生物量测定数据见表 7-6,表中生物量数据的记录格式为"平均值±标准差",各数据之后的字母的不同代表着随采样时间变化存在着显著差异。不同生长周期的生物量对比见图 7-6。

不同采样时间的边坡生物量　　表 7-6

边坡生态修复技术	植物生长周期	生物量(g/m^2)	边坡生态修复技术	植物生长周期	生物量(g/m^2)
基于 W-OH 的凝胶固化修复技术	60d	45.7±8.5a	人造抗侵蚀有机基质层修复技术	60d	69.5±13.2a
	90d	234.2±42.1b		90d	359.8±56.8b
	120d	364.5±50.4c		120d	589.6±31.6c
	p	0.010		p	0.013
喷播植草	60d	38.9±20.2a	CF 网喷灌植草	60d	55.4±8.9a
	90d	215.1±18.9b		90d	314.6±29.5b
	120d	332.9±35.4b		120d	448.2±39.7b
	p	0.024		p	0.000

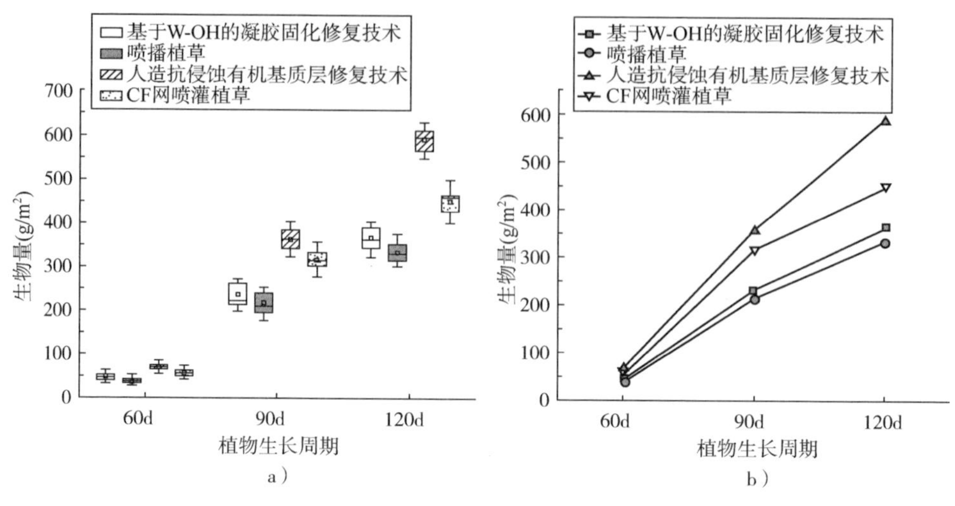

图 7-6　不同生长周期的生物量对比

从表 7-6 和图 7-6 可知，与边坡植物覆盖度及植物株高的分析结果类似，生物量也呈现随着植物生长而不断增加的趋势。根据方差显著性分析结果，生物量受生长周期影响均处于显著水平，表明生物量受生长周期的影响明显。在观测周期内，采用人造抗侵蚀有机基质层修复技术的边坡的生物量增长最为明显，高达 520.1g/m^2，采用喷播植草技术的边坡的生物量增加最少，为 294g/m^2。生物量与生长周期间有良好的线性关系，利用 ORIGIN 软件的线性拟合功能进行拟合。

采用基于 W-OH 的凝胶固化修复技术的边坡的生物量与生长周期间的关系为：

$$y=4.62x-234.48 \qquad R^2=0.958 \tag{7-1}$$

采用喷播植草技术的边坡的生物量与生长周期间的关系为：

$$y=4.26x-218.69 \qquad R^2=0.955 \tag{7-2}$$

采用人造抗侵蚀有机基质层修复技术的边坡的生物量与生长周期间的关系为：

$$y=7.53x-393.51 \qquad R^2=0.983 \tag{7-3}$$

采用 CF 网喷灌植草技术的边坡的生物量与生长周期间的关系为：

$$y = 5.68x - 280.42 \qquad R^2 = 0.945 \tag{7-4}$$

由上述结果可知,采用 4 种技术方案的边坡的生物量与生长周期均呈线性关系且相关性显著,其中,土质边坡的基于 W-OH 的凝胶固化修复技术的生物量平均日增长值为 4.62g/m^2,略高于喷播植草技术的 4.26g/m^2;土石混杂边坡的人造抗侵蚀有机基质层修复技术的生物量平均日增长量为 7.53g/m^2,明显高于 CF 网喷灌植草技术的 5.68g/m^2,且土石混杂边坡的两种修复技术对植物生长的促进作用均强于土质边坡的两种技术。

7.2　土壤改良效益分析

土壤改良效益的观测指标主要包括碱解氮含量、速效磷含量、速效钾含量、有机质含量、抗蚀性和根土复合体抗剪强度六项,本节对试验边坡土壤养分含量进行分析。

土壤养分含量测定主要测定边坡土壤的碱解氮、速效磷、速效钾和有机质含量。土壤有机质是土壤的固相组成中不可或缺的一部分,主要包含土壤中分布的含碳的有机物质。一般情况下,有机质在土壤中的占比很小,但却是土壤肥力提升和土质改良的重要影响因素,土壤中的有机质经过矿质化的过程可转化为水、矿物质养分、氮肥及二氧化碳,同时,有机质的腐殖酸还具有促进种子萌发及植物生长的作用,是衡量土壤养分含量的重要指标之一。本次试验过程中对试验边坡的各项养分指标含量分别进行了 3 次监测,均采用养分速测仪(图 7-7)测定。对碱解氮含量的测定采用碱扩散法,对速效磷含量的测定采用 0.05mol/L $NaHCO_3$浸提—钼锑抗比色法,对速效钾含量的测定采用乙酸铵浸提—火焰光度法,对有机质含量的测定采用重铬酸钾氧化—外加热法。试验结果见表 7-7,表中各项养分含量数据均为多次测定结果的平均值。

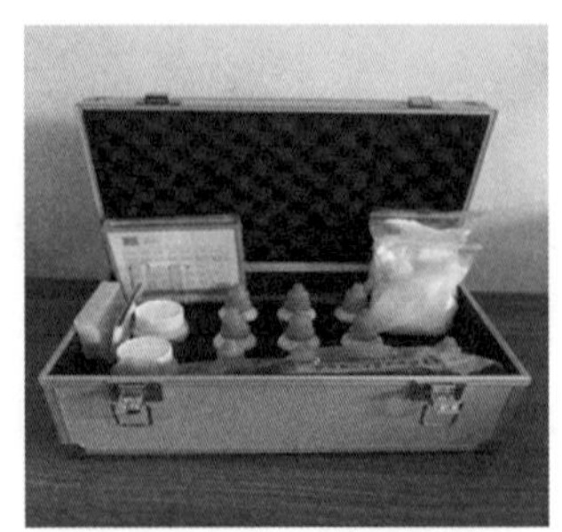

图 7-7　养分速测仪

采用不同生态修复技术的边坡在不同生长周期时的土壤养分含量　　表 7-7

边坡生态修复技术	植物生长周期	碱解氮（mg/kg）	速效磷（mg/kg）	速效钾（mg/kg）	有机质（g/kg）
基于 W-OH 的凝胶固化修复技术	60d	135.45	35.26	29.18	17.62
	90d	116.23	29.66	27.54	15.73
	120d	98.75	24.32	25.69	16.59
喷播植草	60d	128.59	37.35	28.17	17.45
	90d	116.54	29.14	26.55	15.33
	120d	93.21	23.18	25.64	16.88
人造抗侵蚀有机基质层修复技术	60d	195.32	64.31	44.68	19.64
	90d	178.42	59.62	40.88	18.73
	120d	159.37	48.13	34.56	20.62
CF 网喷灌植草	60d	162.35	52.58	35.16	18.45
	90d	153.18	47.86	31.59	17.39
	120d	142.55	41.53	28.16	19.71
自然对照样方	60d	88.68	23.15	25.87	16.82
	90d	79.62	19.66	23.34	14.26
	120d	68.53	17.32	20.86	16.24

7.2.1　土壤碱解氮含量对比分析

根据表 7-7 中的试验数据，绘制采用不同生态修复技术的边坡的土壤碱解氮含量随植物生长周期的变化，如图 7-8 所示。从图中可以看出,在观测周期内,对于采用不同生态修复技术的边坡及自然对照样方,土壤碱解氮含量均随植物生长而下降。但采用边坡生态修复技术的边坡的土壤碱解氮含量高于自然对照养方,说明植物生长过程中对土壤的氮元素进行了吸收利用。采取新型生态修复技术的边坡由于施工过程中添加了复合肥,坡体养分含量更高,能够为植物提供更为充足的氮元素供应。同时,采用不同生态修复技术的边坡的土壤碱解氮含量波动基本一致,说明没有出现显著的氮元素流失。对于土质边坡,采用基于 W-OH 的凝胶固化修复技术与采用喷播植草的土壤碱解氮含量差别不大,表明两种技术作用下植物对氮元素的吸收利用速率一致;对于土石混杂边坡,采用人造抗侵蚀有机基质层修复技术的边坡的土壤碱解氮含量显著高于采用 CF 网喷灌植草技术的边坡的土壤碱解氮含量,极大值为 60d 时的32.97mg/kg,说明人造抗侵蚀有机基质层修复技术对土壤养分的改良效益高于 CF 网喷灌植草技术。

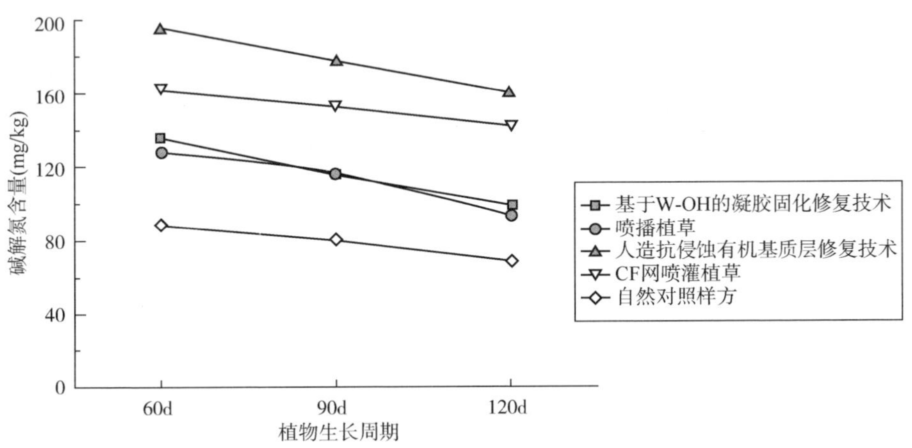

图 7-8　采用不同生态修复技术的边坡在不同植物生长周期的土壤碱解氮含量变化

7.2.2　土壤速效磷和速效钾含量对比分析

根据表 7-7 中的土壤速效磷和速效钾的测定数据,绘制采用不同生态修复技术的边坡土壤速效磷和速效钾含量随植物生长周期的变化图，分别如图 7-9 和图 7-10 所示。

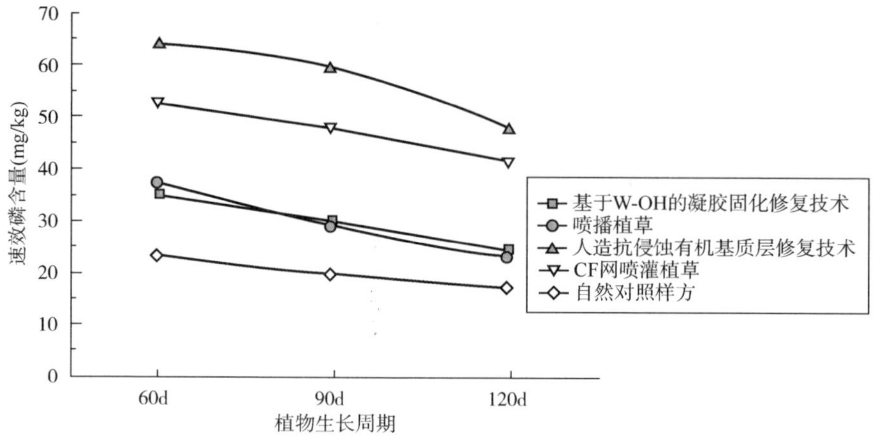

图 7-9　采用不同生态修复技术的边坡在不同植物生长周期的土壤速效磷含量变化

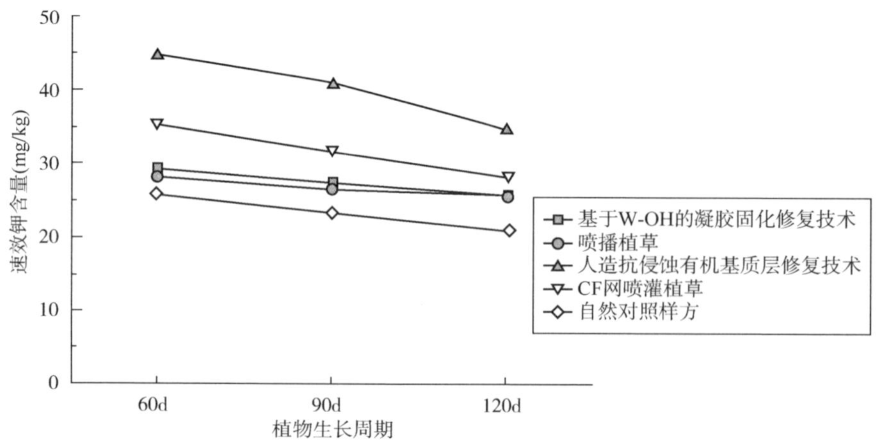

图 7-10　采用不同生态修复技术的边坡在不同植物生长周期的土壤速效钾含量变化

从图上可以看出，与土壤碱解氮的含量变化规律一致，不同技术作用下土壤的速效磷和速效钾含量也随植物生长而回落，说明植物前期生长过程中，充足的氮磷钾供应才能保证植物的迅速生长和边坡群落的快速建立。对于土质边坡，土壤的速效磷和速效钾含量在不同的技术作用下未出现明显的差异，说明两种技术对坡体的保肥效果改良差异不明显;对于土石混杂边坡,人造抗侵蚀有机基质层修复技术的速效磷和速效钾含量均高于 CF 喷灌植草技术,说明其基材中的部分成分对边坡土体的养分改良效果明显,可以为植物前期的生长提供充足的养分供给。此外,不同技术作用下的土壤速效磷和速效钾含量曲线变化未出现明显波动,表明采用生态修复技术不仅可以提高边坡土体的养分含量,还可以增强边坡的养分保持能力。

7.2.3　土壤有机质含量对比分析

根据表 7-7 中的土壤有机质含量的实验测定数据,绘制采用不同边坡生态修复技术的边坡土壤有机质含量随植物生长周期的变化,如图 7-11所示。

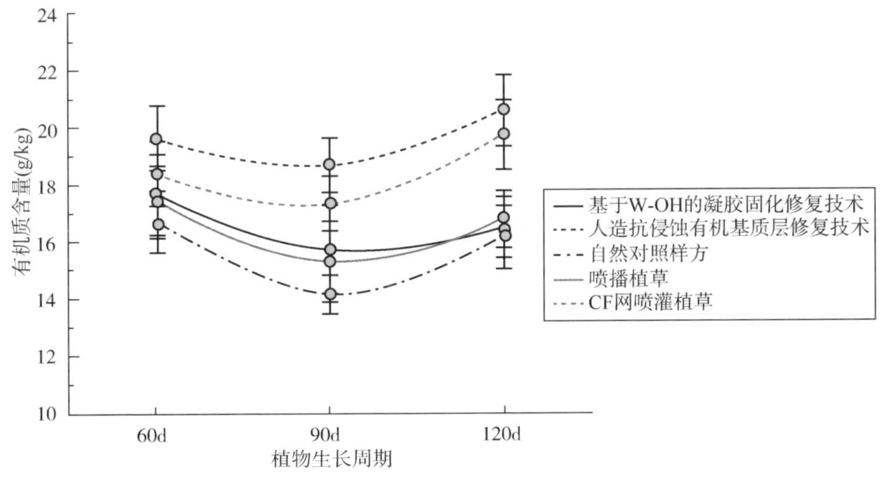

图 7-11　采用不同生态修复技术的边坡在不同植物生长周期的土壤有机质含量变化

从表 7-7 和图 7-11 可知,采用不同边坡生态修复技术的边坡土壤有机质含量在监测期间均呈现先降低后升高的趋势,且变化幅度不明显,但采用边坡生态修复技术的边坡土壤有机质含量均高于自然对照样方;跟踪观测第 2 阶段内,土壤有机质含量降低最多的为自然对照样方,降低量为 2.6g/kg;跟踪观测第 3 阶段内,土壤有机质含量增量最多的为

CF 网喷灌植草技术,增加量为 2.4g/kg;根据方差显著性分析结果,土壤有机质含量受植物生长周期的影响为不显著水平,即植物初始生长阶段土壤有机质含量变化不明显。对于土质边坡,采用基于 W-OH 的凝胶固化修复技术的边坡土壤有机质含量与采用人造抗侵蚀有机基质层修复技术的边坡土壤有机质含量差异不明显;对于土石混杂边坡,采用人造抗侵蚀有机基质层修复技术的边坡土壤有机质含量明显高于采用 CF 网喷灌植草技术的边坡土壤有机质含量,说明基材中的成分自然降解后可一定程度上提高土壤的有机质含量,但由于时间较短,自然降解效果不明显,有机质含量值增加不显著。

第 8 章　亚热带多雨区边坡生态修复的固土效益分析

为对比植物生长不同周期对坡面土壤的改良效益，依托广东省惠清高速公路，开展新型生态修复技术现场应用研究，结合常规的传统喷播植草技术和 CF 网喷灌植草技术进行采样对比实验，研究新型生态修复技术与传统技术的修复效果差异性及分析边坡生态修复的固土效益。

8.1　根土复合体力学性能

为研究边坡生态修复技术作用下，植被群落的建立对边坡土体抗剪强度的影响，在植物生长 120d 时，利用环刀采集边坡根土复合体试样，按照直接剪切试验的相关要求进行试验，见图 8-1。获得的采用不同边坡生态修复技术的边坡土体及自然对照样方土体的黏聚力和内摩擦角值如表 8-1 所示。

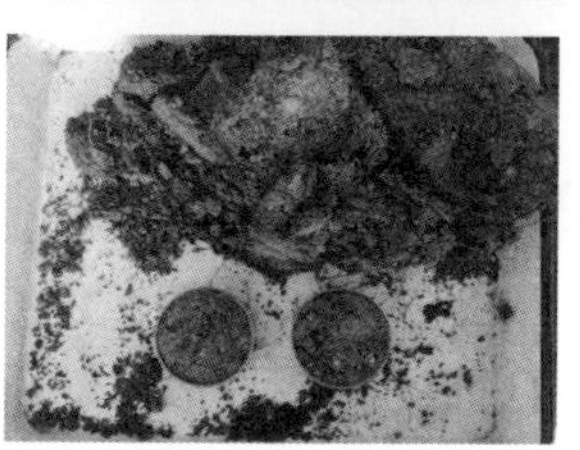

图 8-1　根土复合体抗剪强度试验

采用不同边坡生态修复技术的边坡土体黏聚力和内摩擦角值　　表 8-1

技术类型	黏聚力 c (kPa)	内摩擦角 ψ (°)	技术类型	黏聚力 c (kPa)	内摩擦角 ψ (°)
基于 W-OH 的凝胶固化修复技术	21.2	17.5	CF 网喷灌植草	21.8	19.6
喷播植草	20.6	17.1	自然对照样方	19.0	16.8
人造抗侵蚀有机基质层修复技术	24.8	18.9			

采用不同边坡生态修复技术的边坡土体抗剪强度与垂直应力关系如表 8-2、图 8-2 所示。

采用不同边坡生态修复技术的边坡土体抗剪强度与垂直应力关系函数　表 8-2

技术类型	函数关系	技术类型	函数关系
基于 W-OH 的凝胶固化修复技术	$\tau=\sigma\tan17.5°+21.2$	CF 网喷灌植草	$\tau=\sigma\tan19.6°+21.8$
喷播植草	$\tau=\sigma\tan17.1°+21.6$	自然对照样方	$\tau=\sigma\tan16.8°+19.0$
人造抗侵蚀有机基质层修复技术	$\tau=\sigma\tan18.9°+24.8$		

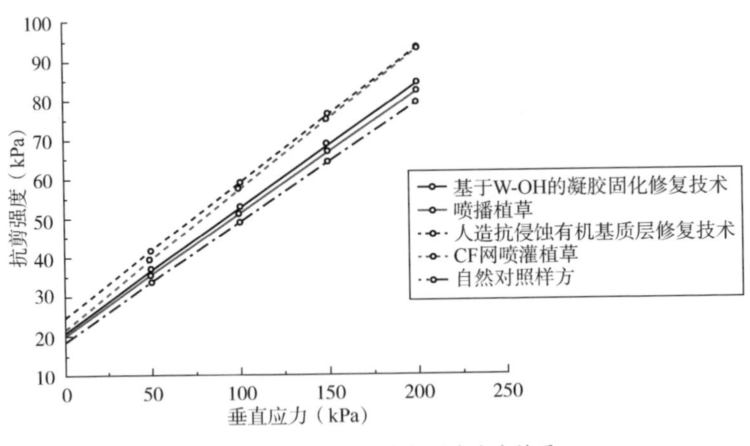

图 8-2　土体抗剪强度与垂直应力关系

由表 8-1、表 8-2 和图 8-2 可知，采用边坡生态修复技术后的有植物边坡土体的抗剪强度均大于无植物的对照样方。通过试验结果可以看出，根土复合体的抗剪强度与垂直应力之间的相关关系符合库仑定律，植物根系的存在为土体提供了附加的黏聚力，使得边坡土体的抗剪切效果更佳。不同的边坡生态修复技术对边坡土体抗剪强度的增大量影响不同。其中，人造抗侵蚀有机基质层修复技术对边坡根土复合体抗剪强度的增加效果最明显，结合生物量及株高数据，此技术作用下植物根系生长与地面部分生长一致，相较于其他修复技术更为迅速，因此抗剪强度的提高也最为明显；其他 3 种技术对边坡根土复合体抗剪强度影响的差异不大。对于土质边坡，基于 W-OH 的凝胶固化修复技术根土复合体的黏聚力为 21.2kPa，略高于喷播植草技术的 20.6kPa；对于土石混杂边坡，人造抗侵蚀有机基质层修复技术的根土复合体黏聚力为 24.8kPa，相比于 CF 网喷灌植草的 21.8kPa 有较为明显的提升。同时，考虑到采样时植物生长时间较短、根系不够发达，随着生长周期的增加，会对边坡土体的抗剪强度产生更为有利的影响。

8.2　土壤抗冲刷性

8.2.1　降雨模拟试验

为研究 W-OH 有机固化剂和抗侵蚀固土剂两种固土材料在华南地区红黏土坡面使用后，在不同雨强和坡度下的抗冲刷能力，设计进行室内降雨模拟试验（图 8-3），通过模拟自然降水，配合调节雨强和坡度，研究 W-OH 有机固化剂和抗侵蚀固土剂两种固土材料用量与防护坡度和雨强的相关关系，探索不同坡面状况下 W-OH 有机固化剂和抗侵蚀固土剂的使用规律。

8.2.2　现场径流收集试验

降雨时，在现场试验边坡位置安放雨量计，收集采用不同防护技术的坡面的径流量和径流携带泥沙量，分析不同时期自然降水对坡面的冲刷影响，研究自然降水条件下坡面土体在不同防护措施下的抗侵蚀性能（图 8-4）。

图 8-3　降雨模拟试验

图 8-4　坡面径流收集试验

8.3　土壤抗蚀性

土壤抗蚀性表示土壤自身抵抗外部力的分解和悬浮作用的能力，是考量土壤抗侵蚀性能的重要参数之一，土壤的抗蚀性受到坡向、土质等的影响，同时与土壤的容重、有机质含量等密切相关。与植生效益指标采集试验一致，土壤抗蚀性试验也分别在植物生长的第 60d、90d、120d 进行。试验中共设置取样点 9 处，每次进行土体取样时在边坡从左至右分别设置 3 个取样点，在边坡的上、中、下分别设置 3 个取样点。取样点应远离框架梁，以避免外界因素影响，取样位置应距离土体表层 5 ~ 10cm。在边坡上、下部位取样时距离各自边界 1m，以避免边界效应的干扰，取样后使用袋子加以密封，运输过程中尽量减少扰动，尽可能保证土壤颗粒完整性。按照水土保持试验规范中的土壤抗蚀性试验的有关要求进行。采集试验边坡临近位置处的无植物生长的裸坡土样作为对照样方，试验结果如表 8-3 所示。

不同植物生长周期边坡土壤抗蚀性　　表 8-3

<table>
<tr><th rowspan="2">生态修复技术</th><th rowspan="2">植物生长周期（d）</th><th colspan="3">抗蚀系数</th><th colspan="4">抗蚀系数提高量</th><th rowspan="2">备注</th></tr>
<tr><th>抗蚀系数</th><th>标准差</th><th>变异系数</th><th>同种技术不同测定周期</th><th>不同技术相同测定周期</th><th>备注</th><th>不同技术不同测定周期</th></tr>
<tr><td>无防护</td><td>—</td><td>15.8%</td><td>4.9%</td><td>31.01%</td><td>—</td><td>—</td><td>—</td><td>—</td><td>—</td></tr>
<tr><td rowspan="3">基于 W-OH 的凝胶固化修复技术</td><td>60</td><td>28.6%</td><td>3.2%</td><td>11.19%</td><td>—</td><td>17.70%</td><td rowspan="3">相比于喷播植草技术</td><td>81.01%</td><td rowspan="3">相比于无防护</td></tr>
<tr><td>90</td><td>31.5%</td><td>4.1%</td><td>13.02%</td><td>10.14%</td><td>17.10%</td><td>99.37%</td></tr>
<tr><td>120</td><td>34.8%</td><td>2.5%</td><td>7.18%</td><td>10.48%</td><td>21.25%</td><td>120.25%</td></tr>
<tr><td rowspan="3">喷播植草</td><td>60</td><td>24.3%</td><td>5.6%</td><td>23.05%</td><td>—</td><td>53.80%</td><td rowspan="3">相比于无防护</td><td rowspan="3">—</td><td rowspan="3">—</td></tr>
<tr><td>90</td><td>26.9%</td><td>3.9%</td><td>14.50%</td><td>10.70%</td><td>70.25%</td></tr>
<tr><td>120</td><td>28.7%</td><td>4.8%</td><td>16.72%</td><td>6.69%</td><td>81.65%</td></tr>
<tr><td rowspan="3">人造抗侵蚀有机基质层修复技术</td><td>60</td><td>30.7%</td><td>7.1%</td><td>23.13%</td><td>—</td><td>8.10%</td><td rowspan="3">相比于 CF 网喷灌植草技术</td><td>94.30%</td><td rowspan="3">相比于无防护</td></tr>
<tr><td>90</td><td>35.9%</td><td>8.4%</td><td>23.40%</td><td>16.94%</td><td>12.89%</td><td>127.22%</td></tr>
<tr><td>120</td><td>39.1%</td><td>3.2%</td><td>8.18%</td><td>8.91%</td><td>12.03%</td><td>147.47%</td></tr>
<tr><td rowspan="3">CF 网喷灌植草</td><td>60</td><td>28.4%</td><td>9.5%</td><td>33.45%</td><td>—</td><td>79.75%</td><td rowspan="3">相比于无防护</td><td rowspan="3">—</td><td rowspan="3">—</td></tr>
<tr><td>90</td><td>31.8%</td><td>11.3%</td><td>35.53%</td><td>11.97%</td><td>101.27%</td></tr>
<tr><td>120</td><td>34.9%</td><td>2.6%</td><td>7.45%</td><td>9.75%</td><td>120.89%</td></tr>
</table>

土壤的抗蚀系数 T 采用下列公式计算：

$$T = \frac{\text{土壤颗粒总数} - \text{已崩解土壤颗粒数}}{\text{土壤颗粒总数}} \times 100\% \qquad (8\text{-}1)$$

从表 8-3 可以看出，采用边坡生态修复技术的有植物生长的边坡，土壤抗蚀性均高于没有植物生长的素土，最大增高幅度为 147.47%，其原因是植物根系在土壤中交错生长可以对土体产生束缚作用，使土壤的内部结构更为紧密，抗蚀性更好。对于同种技术，除基于 W-OH 的凝胶固化修复技术外，监测第 2 阶段的抗蚀系数提高量均高于第 3 阶段的抗蚀系数提高量,人造抗侵蚀有机基质层修复技术的第 2 阶段的抗蚀系数提高量为第 3 阶段的抗蚀系数提高量的 1.9 倍。对于土质边坡,基于 W-OH 的凝胶固化修复技术在各阶段的抗蚀系数提高量均高于喷播植草技术的抗蚀系数提高量,且最低提高量为 17.1%;对于土石混杂边坡,人造抗侵蚀有机基质层修复技术在各阶段的土壤抗蚀系数提高量均高于 CF 网喷灌植草技术,最低提高量为 8.1%。两种新型边坡生态修复技术对土壤抗蚀性的改善十分明显,在 120d 时,抗蚀系数提高量均超过 120%,提升最高的为人造抗侵蚀有机基质层修复技术,相对于裸坡其抗蚀系数提高 147.47%,说明该技术能够保证植物种子免受冲刷,同时促进植物的快速生长。

第9章　亚热带多雨区边坡生态修复效果综合评价

为形成更为完善和科学的技术方案，需要对新型边坡生态修复技术和传统边坡生态修复技术的效果进行全面综合的评价，以期能够及时地发现技术问题或缺陷。为此，有必要建立适用于边坡生态修复技术修复效果评价的指标体系。开展边坡生态修复效果评价，涉及植物生长状况、边坡防护状况等许多指标，需要开展多指标的综合评价。

对于多指标项的评价问题，相关学者主要采用的评价方法包括企业战略分析方法（SWOT）、层次分析法（AHP）、模糊综合评价法等。SWOT法以矩阵的形式，将研究目标的因素（如优势、劣势等）进行排列，然后进行目标的分析和总结。AHP法将研究对象整体按层次分割，包括指标层、准则层和目标层等，之后对各层的各项指标进行权重分析，基于权重开展综合评价。模糊综合评价法的原理主要为模糊数学的隶属度理论，通过将定性评价转化为定量评价，对研究对象做出一个总体的评价。

综合考虑多指标评价的相关方法，考虑本次评价的相关因素，选用层次分析法（AHP）来确定边坡生态修复效果的各项指标和对应的权重，再利用模糊综合评价法综合考虑各项指标，进行综合的评价，通过采用层次分析-模糊综合评价法的方法将定量分析和定性评价相结合，可以得到更为客观、准确和切合实际的边坡生态修复效果评价。

9.1 评价体系建立原则

为了能够建立全面、科学、系统化的评价指标体系，首先要确定评价体系的建立原则。本研究中，建立评价体系的原则如下：

①科学性。评价指标的选取应能够准确地反映边坡生态修复效果的主要特征，指标的表达应简短明确，不存在错误、遗漏，各项指标的概念应明确，突出生态修复效果的客观条件，各个方面的指标不能重复出现。

②系统性。选取的各项评价指标应能够从各个方面全面系统地反映边坡生态修复的效果及特点，不同方面的指标相应地构成独立的子系统，将各个子系统全面涵盖，构成涵盖面广、概括性强、功能全面的有机统一体，各个指标之间相互独立、相互联系、相互补充但又不可分割。

③典型性。选取的评价指标应该具有代表性，能够从不同的研究方向体现研究对象的不同特点。边坡生态修复效果评价应着重选取边坡修复质量和动态变化过程的特征性指标，保证选取的指标能够将边坡生态修复效果的各个方面涵盖周全，同时涵盖范围也不可过于全面。

④实用性。选取的各项评价指标应具备高度的可操作性，在实际的操作过程当中便于实施，评价涉及的相关数据应便于收集处理，弱化评价过程的复杂程度，提高评价指标体系在实际工程当中的实用性。

⑤综合性。为更为准确地体现边坡生态修复效果的特征，选取的各项评价指标应尽可能地能够进行量化分析，从而体现评价的科学严谨性。但难免会存在部分指标无法准确量化评价的问题，当该项指标不可或缺时，应考虑综合性原则，考虑定量分析和定性分析相结合的方法。

⑥可比性。选取的评价指标应该保证在指标内部和各项指标之间能够进行相互的比较，根据比较结果进行定性或定量的分级处理，确定每一级的子评价系统，同时依托比较结果对各项评价指标进行赋值处理。

9.2　层次分析—模糊综合评价法

9.2.1　指标及权重确定原理和方法

层次分析法(The Analytic Hierarchy Process,简称 AHP),最早于 20 世纪 70 年代初由美国著名的运筹学家、匹茨堡大学教授 Saaty 提出。层次分析法主要用于解决系统指标分层交错,同时目标值又难以定量确定的问题。层次分析法将目标问题按评价准则、总体目标和子目标等顺序分解为不同的层次结构,然后设定判断矩阵并求解对应的特征向量值,确定各层次各元素的权重值,再利用加权和的方法,逐层次归并各子目标层对总体目标的最终权重,遴选出最优方案。具体的分析过程如下。

9.2.1.1　构建层次模型

为构建目标问题的层次结构模型,需要将问题进行层次化、条理性的分析和处理,构建的模型应能够表明问题的本质和各层次之间的递阶关系。通过对问题进行系统化分析,说明模型系统的各项指标之间的隶属关系和相互联系,把具有共同属性的各项指标归纳为一组,构成系统模型的一个层次。通常只设定单一的顶层指标,称之为目标层;将准则层和子准则层等统称为中间层;具体服务于准则层的方法或措施位于系统结构的底部,称为最底层。处于同一结构层的各项指标,既需要服务于高一层次的指标,又需要对低一层次的某些指标进行约束。

9.2.1.2　构建判断矩阵

层次结构模型确定之后,上、下层各项指标之间的隶属关系也随之确定。判断矩阵是开展层次分析的基本依托,将高一层次的某一指标作为评价的准则,与本层的各项指标进行两两之间的重要性比较,确定判断矩阵的各项元素。除目标层之外，各层都需要建立判断矩阵，各层需要建立判断矩阵的数量为高一层的指标的数量。假设评价指标为 A，评价指标集为 $P=\{p_1,p_2,\cdots,p_{n-1},p_n\}$，构造判断矩阵 $\boldsymbol{P}$：

$$\boldsymbol{P}=(p_{ij})_{n\times n}=\begin{bmatrix}1 & b_{12} & \cdots & b_{1n}\\ 1/b_{12} & 1 & \cdots & b_{2n}\\ \vdots & \vdots & 1 & \vdots\\ 1/b_{1n} & 1/b_{2n} & \cdots & 1\end{bmatrix}\quad (i=1,2,\cdots,n;j=1,2,\cdots,n) \tag{9-1}$$

式中：$\boldsymbol{P}$——判断矩阵；

p_{ij}——标度；

i、j——指标的序号；

n——判断矩阵的阶数。

通常，人们采用指标重要程度标度值来描述判断矩阵中各项指标的相对重要程度。指标的权重一般由专家、学者结合自身经验和被评价对象的特征确定，但存在着主观性强的问题。利用 AHP 法可以对权重进行修正，从而得到更为准确的权重值。AHP 法各项指标的标度及含义见表 9-1。

指标的标度及含义 表 9-1

标度	含义	标度	含义
1	p_j与 p_i同样重要	7	p_j比 p_i重要很多
3	p_j比 p_i略微重要	9	p_j比 p_i极端重要
5	p_j比 p_i重要	2、4、6、8	上述各标度的中值

注：$p_{ji}=1/p_{ij}$，表征 p_j比 p_i的不重要程度。

9.2.1.3 基于单一准则的权重值计算方法

1）判断矩阵的归一化处理

将判断矩阵 $\boldsymbol{P}=[p_{ij}]_{n\times n}$的各列的元素进行归一化处理，具体方法

为,求解矩阵中各列数据的和,再将矩阵的各元素分别除以对应的各列的和,即:

$$\overline{p_{ij}} = \frac{p_{ij}}{\sum_{i=1}^{n} p_{ij}} \quad (i=1,2,\cdots,n;j=1,2,\cdots,n) \tag{9-2}$$

2)求判断矩阵各行的和

将归一化处理后的判断矩阵各行数据相加,得到各行数据的和:

$$\overline{W_i} = \sum_{j=1}^{n} \overline{p_{ij}} \quad (i=1,2,\cdots,n;j=1,2,\cdots,n) \tag{9-3}$$

3)归一化向量 $\overline{W_i} = (\overline{W_1},\overline{W_2},\cdots,\overline{W_n})^{\mathrm{T}}$,求解归一化矩阵各行数据的平均值,得到最大特征值的特征向量的分量值。

$$W_i = \frac{\overline{W_i}}{\sum_{i=1}^{n} \overline{W_i}} \quad (i=1,2,\cdots,n) \tag{9-4}$$

4)计算最大特征值

最大特征值计算公式为:

$$\lambda_{\max} = \sum_{i=1}^{n} \frac{(\boldsymbol{PW})_i}{nW_i} \quad (i=1,2,\cdots,n) \tag{9-5}$$

5)判断矩阵一致性检验

指标两两比较得到的判断矩阵,可能会导致自相矛盾,因此,需要开展判断矩阵的一致性检验。其中,一阶矩阵和二阶矩阵的判断矩阵完全一致,不需要进行一致性指标的计算;对于三级及三阶以上($n \geqslant 3$)的矩阵,需要进行一致性指标的计算。具体过程为:

①求解矩阵一致性指标 CI 的值:

$$\mathrm{CI} = \frac{\lambda_{\max} - n}{n - 1} \tag{9-6}$$

②求解一致性比例 CR 的值:

$$CR = \frac{CI}{RI} \tag{9-7}$$

式中:RI——表征平均随机一致性的指标值,具体取值见表9-2。

平均随机一致性指标值　　表9-2

阶数	1	2	3	4	5	6	7	8	9
RI	0	0	0.58	0.90	1.12	1.24	1.32	1.41	1.45

③若 $CR \leqslant 0.10$,认定判断矩阵通过一致性检验;若 $CR > 0.10$,认定判断矩阵未通过一致性检验,需要调整矩阵,直至得到满意的一致性检验结果。

④判断矩阵层次总排序。

对于递阶层次结构,需要分别计算各层的指标总量在目标层中的相对权重,然后依据权重计算结果进行排序,一般称为层次总排序,之后针对排序结果,进行总的一致性检验,层次总排序和总的一致性检验均由高层次向低层次进行。

假定评价体系的第 m 层有 nm 个指标项,同时基于单准则排序,上述指标项对$(m-1)$层的某个准则的权向量为$\boldsymbol{W}_m$,若第$(m-1)$层单准则指标相对于目标层的权重为 P,则第 m 层的 nm 个指标项相对于目标层的权重为:

$$\overline{\boldsymbol{W}_m}^{\mathrm{T}} = \boldsymbol{W}_m \cdot \boldsymbol{P} \tag{9-8}$$

式中:$\overline{\boldsymbol{W}_m}^{\mathrm{T}}$——目标层的权重向量。

之后,按照单准则权重一致性检验的方法,逐层进行组合权重的一致性检验。

9.2.2 综合评价原理及方法

9.2.2.1 构建评价因素集

构建影响评价对象的各项因素的集合(即评价因素集),一般表示

为 $U=\{u_1,u_2,\cdots,u_n\}$。

9.2.2.2　构建评价因素权重集

评价结果的产生依赖于评价系统的各项指标的权重,依托于 AHP 法,可确定各指标占总目标层的权重值。

9.2.2.3　构建评语集

评语集表示评价人员对评价对象所进行的评价得到的结果的集合,一般用 V 表示,$V=\{v_1,v_2,\cdots,v_n\}$,$v_i(i=1,2,\cdots,n)$代表不同评价者的各种可能的评价结果。

9.2.2.4　单级模糊评价

构造隶属度矩阵 $\boldsymbol{R}$。隶属度表示不同评价主体针对单个评价对象在 u_i 层面上做出 v_i 评价的可能性。

$$\boldsymbol{R}=\begin{bmatrix} r_{11} & r_{12} & \cdots & r_{1n} \\ r_{21} & r_{22} & \cdots & r_{2n} \\ \vdots & \vdots & & \vdots \\ r_{n1} & r_{n2} & \cdots & r_{nn} \end{bmatrix} \tag{9-9}$$

进行判断矩阵的模糊运算:

$$\boldsymbol{B}=\boldsymbol{A}\cdot\boldsymbol{R} \tag{9-10}$$

式中:$\boldsymbol{B}$——单级评价准则的结论向量;

$\boldsymbol{A}$——指标层各因素的权重集;

$\boldsymbol{R}$——单因素的评价矩阵。

9.2.2.5　多级综合评价

$$\boldsymbol{R}_{二级}=\begin{bmatrix} \boldsymbol{B}_{1一级} \\ \boldsymbol{B}_{2一级} \\ \vdots \\ \boldsymbol{B}_{n一级} \end{bmatrix}=\begin{bmatrix} \boldsymbol{A}_1\cdot\boldsymbol{R}_{1一级} \\ \boldsymbol{A}_2\cdot\boldsymbol{R}_{2一级} \\ \vdots \\ \boldsymbol{A}_n\cdot\boldsymbol{R}_{n一级} \end{bmatrix} \tag{9-11}$$

$$\boldsymbol{B}_{二级}=\boldsymbol{A}_{二级}\cdot\boldsymbol{R}_{二级}=(b_{1二级},b_{2二级},\cdots,b_{n二级}) \tag{9-12}$$

式中：$\boldsymbol{R}_{二级}$——二级综合评价的单因素评价矩阵；

$\boldsymbol{B}_{i一级}$——一级综合评价的结论向量组成的矩阵；

$\boldsymbol{A}_{i}$——一级评价的权重向量；

$\boldsymbol{R}_{i一级}$——一级单因素评价矩阵；

$\boldsymbol{B}_{二级}$——二级综合评价的结论向量：

$\boldsymbol{A}_{二级}$——二级评价的权重向量；

$\boldsymbol{R}_{二级}$——准则层权重向量隶属度。

9.3 边坡生态修复技术修复效果综合评价体系构建

9.3.1 评价指标的选取

公路边坡的生态修复过程是植被恢复重建和护坡效应相统一的复杂过程，涉及的学科和指标项非常多，生态修复的质量难以进行精确的定量分析[54]。如果要对边坡生态修复技术的修复效果进行科学、全面、准确的评价，就必须建立一个针对性强、客观、合理的评价系统，评价系统的各项指标需要从边坡生态修复效果的影响因子当中选取。

建立边坡生态修复技术修复效果综合评价体系开展生态修复效果评价时，首先需要选择合适的评价指标项。边坡生态修复是一项具有高度综合性的工程措施，涉及边坡岩质、土壤学、生态学等要素，选择评价指标项时必须保证其具有特征性，能够从多个方面全面地反映边坡生态修复效果；此外，生态修复的效果依赖于边坡具有可靠的稳定性。因此，评价体系的构建需要以边坡的稳定性为前提，以边坡生态修复选用植物的生长状态和土壤的养分变化为主体，结合现场试验所得到的试验数据，选择适宜的评价指标项。

本研究进行的边坡生态修复技术修复效果综合评价,评价指标项主要从边坡生态修复的植生效益、土壤改良效益和经济与可行性三个方面进行选取。确定评价指标项的选取方式和评价目标后,采用逐步分解的方式依次对各层次的评价指标进行处理,形成目标层、准则层和最底层的各项指标,然后参照相关的研究内容并考虑工程实际及现场试验情况,形成备选指标集,再通过专家咨询的方式,确定最终的评价指标,形成完整的评价系统。本研究确定的评价系统共包括13项评价指标,其中,植生效益指标5项,土壤改良效益指标6项,经济与可行性指标2项。

9.3.2　评价指标结构体系的构建

根据对评价体系建立原则和评价方法原理与方法的相关研究结果,本研究通过查阅相关资料并结合工程实际情况,对边坡生态修复技术修复效果综合评价体系进行处理和优化,最终确定评价体系共分为3个层次,最高层为目标层,即边坡生态修复技术修复效果;中间层为准则层,主要从边坡生态修复的植生效益、土壤改良效益和经济与可行性三个方面进行分析;最底层为指标层,是对中间层准则的具体细化。边坡生态修复技术修复效果综合评价体系如表9-3所示。技术经济性指采用某种生态修复技术的单位面积施工成本,成本越高则经济性越差,反之经济性越好;施工困难度表示生态修复技术的施工难易程度,主要用于对比新型生态修复技术与传统技术的施工繁简程度[55]。

边坡生态修复技术修复效果综合评价体系　　表9-3

目标层	准则层	指标层	指标类型
边坡生态修复技术修复效果(A)	植生效益(B1)	株高(C1)	定量
		密度(C2)	定量
		覆盖度(C3)	定量
		均匀度(C4)	定性
		生物量(C5)	定量

续上表

目标层	准则层	指标层	指标类型
边坡生态修复技术修复效果(A)	土壤改良效益(B2)	土壤碱解氮含量(C6)	定量
		土壤速效磷含量(C7)	定量
		土壤速效钾含量(C8)	定量
		土壤有机质含量(C9)	定量
		抗蚀性(C10)	定量
		根土复合体黏聚力(C11)	定量
	经济与可行性(B3)	技术经济性(C12)	定性
		施工困难度(C13)	定性

9.4 评价指标权重确定

9.4.1 判断矩阵权重计算

9.4.1.1 准则层较之目标层权重确定

将综合评价的目标——边坡生态修复技术修复效果，作为基准，通过评价指标之间的两两对比，确定因素标度比较结果，见表9-4。

评价模型准则层因素标度比较 表9-4

A	B1	B2	B3
B1	1	1	3
B2	1	1	5
B3	1/3	1/5	1

根据因素标度比较，可得到判断矩阵：

$$\boldsymbol{Q}_1=\begin{bmatrix}1 & 1 & 3\\ 1 & 1 & 5\\ 1/3 & 1/5 & 1\end{bmatrix}$$

$$\boldsymbol{W}=[0.4055 \quad 0.4796 \quad 0.1149]^{\mathrm{T}}$$

$$\boldsymbol{AW}=[1.2298 \quad 1.4596 \quad 0.3460]^{\mathrm{T}}$$

$\lambda_{max}=3.0291$，$CI=0.0146$，查表 9-2 可知，$RI=0.58$，故 $CR=\frac{CI}{RI}=0.0251<0.1$，说明评价模型的准则层判断矩阵具有满意的一致性。

9.4.1.2　植生效益指标权重确定

将植生效益的 5 项因素（株高、密度、覆盖度、均匀度和生物量）进行两两对比，可得到如表 9-5 所示的结果。

植生效益因素标度比较　　表 9-5

B1	C1	C2	C3	C4	C5
C1	1	1/2	3	4	1/7
C2	2	1	6	5	1/4
C3	1/3	1/6	1	3	1/9
C4	1/4	1/5	1/3	1	1/8
C5	7	4	9	8	1

根据表 9-5 可得到判断矩阵：

$$\boldsymbol{Q}_2=\begin{bmatrix} 1 & 1/2 & 3 & 4 & 1/7 \\ 2 & 1 & 6 & 5 & 1/4 \\ 1/3 & 1/6 & 1 & 3 & 1/9 \\ 1/4 & 1/5 & 1/3 & 1 & 1/8 \\ 7 & 4 & 9 & 8 & 1 \end{bmatrix}$$

$$\boldsymbol{W}=[0.1226 \quad 0.2123 \quad 0.0645 \quad 0.0399 \quad 0.5607]^{\mathrm{T}}$$

$$\boldsymbol{AW}=[0.6619 \quad 1.1842 \quad 0.3227 \quad 0.2046 \quad 3.1678]^{\mathrm{T}}$$

$\lambda_{max}=5.2792$，$CI=0.0698$，查表 9-2 可知，$RI=1.12$，故 $CR=\frac{CI}{RI}=0.0623<0.1$，说明评价模型的植生效益指标判断矩阵具有满意的一致性。

9.4.1.3 土壤改良效益指标权重确定

将土壤改良效益的6项因素(土壤碱解氮含量、土壤速效磷含量、土壤速效钾含量、土壤有机质含量、抗蚀性和根土复合体黏聚力)进行两两对比,得到土壤改良效益因素标度比较表,如表9-6所示。

土壤改良效益因素标度比较　　表9-6

B2	C6	C7	C8	C9	C10	C11
C6	1	2	2	1/2	1/3	1/2
C7	1/2	1	2	1/2	1/2	1/2
C8	1/2	1/2	1	1/2	1/2	1/2
C9	2	2	2	1	3	3
C10	3	2	2	1/3	1	3
C11	2	2	2	1/3	1/3	1

根据上表可得判断矩阵:

$$\boldsymbol{Q}_3=\begin{bmatrix}1 & 2 & 2 & 1/2 & 1/3 & 1/2\\ 1/2 & 1 & 2 & 1/2 & 1/2 & 1/2\\ 1/2 & 1/2 & 1 & 1/2 & 1/2 & 1/2\\ 2 & 2 & 2 & 1 & 3 & 3\\ 3 & 2 & 2 & 1/3 & 1 & 3\\ 2 & 2 & 2 & 1/3 & 1/3 & 1\end{bmatrix}$$

$$\boldsymbol{W}=[0.1678\quad 0.1142\quad 0.0664\quad 0.2049\quad 0.2419\quad 0.2048]^{\mathrm{T}}$$

$$\boldsymbol{AW}=[0.8145\quad 0.6567\quad 0.5332\quad 2.2419\quad 1.7894\quad 1.0506]^{\mathrm{T}}$$

$\lambda_{\max}=6.5356$, CI = 0.1071,查表9-2可知,RI = 1.24,故 $\mathrm{CR}=\dfrac{\mathrm{CI}}{\mathrm{RI}}=0.0864<0.1$,说明评价模型的土壤改良效益指标判断矩阵具有满意的一致性。

9.4.1.4 经济与可行性指标权重确定

将经济与可行性的2项因素(技术经济性与施工困难度)进行对

比,得到经济与可行性因素标度,如表 9-7 所示。

经济与可行性因素标度比较 表 9-7

B3	C12	C13
C12	1	1/4
C13	4	1

根据上表可得判断矩阵:

$$\boldsymbol{Q}_4=\begin{bmatrix}1 & 1/4\\4 & 1\end{bmatrix}$$

$$\boldsymbol{W}=[0.2\quad 0.8]^{\mathrm{T}}$$

$$\boldsymbol{AW}=[0.4\quad 1.6]^{\mathrm{T}}$$

$\lambda_{\max}=2$,$\mathrm{CI}=0$,说明评价模型的植生效益指标判断矩阵具有完全的一致性。

9.4.2 评级体系权重

根据上节 4 个判断矩阵得到准则层及指标层的各权重系数,如表 9-8 所示。

评价系统指标权重统计表 表 9-8

目 标 层	准则层	权重	指 标 层	对准则层权重	对指标层权重
边坡生态修复效果综合评价(A)	植生效益(B1)	0.4055	株高(C1)	0.1226	0.0497
			密度(C2)	0.2123	0.0862
			覆盖度(C3)	0.0645	0.0261
			均匀度(C4)	0.0399	0.0161
			生物量(C5)	0.5607	0.2273
	土壤改良效益(B2)	0.4796	土壤碱解氮含量(C6)	0.1678	0.0805
			土壤速效磷含量(C7)	0.1142	0.0547
			土壤速效钾含量(C8)	0.0664	0.0318

续上表

目　标　层	准则层	权重	指　标　层	对准则层权重	对指标层权重
边坡生态修复效果综合评价(A)	土壤改良效益(B2)	0.4796	土壤有机质含量(C9)	0.2049	0.0982
			抗蚀性(C10)	0.2419	0.1163
			根土复合体黏聚力(C11)	0.2048	0.0983
	经济与可行性(B3)	0.1149	技术经济性(C12)	0.2000	0.0229
			施工困难度(C13)	0.8000	0.0919

评价体系的准则层的三项指标当中，开展生态修复的主要目的是提高边坡土体的稳定性，在保证坡体稳定性的前提下，通过植被改善坡体与周边生态系统的协调一致性及路域沿线的生态环境，因此，植生效益与土壤改良效益是边坡生态修复效果的重要影响因素；土壤改良效益的重要程度略高于植生效益，在保证土壤改良效益的前提下才能保证植生效益；相比于植生效益与土壤改良效益，经济与可行性关系着生态修复技术能否正常开展，但在进行室内试验时，基质配比方案确定的前提下，经济与可行性重要程度低。

9.5　边坡生态修复技术修复效果模糊综合评价

根据上文对评价体系各项指标的介绍及指标的相关特性，通过查阅相关文献资料和开展专家咨询，考虑模糊数学的相关原理，对所有的评价指标进行估算，并让数名专家及专业技术人员对评价体系的各项指标进行评分。专家打分标准及分值见表 9-9。

专家打分标准及分值　　表 9-9

评价标准	优秀	良好	中等	较差	差
分值	8~10	6~8	4~6	2~4	0~2

选取基于 W-OH 的凝胶固化修复技术试验边坡在 120d 时的各项评

价指标的实测值,经过 10 名专业技术人员基于实测数据及现场观测进行的评比,可以得到评价体系各项因子的决策矩阵:

$$\boldsymbol{R}_1=\begin{bmatrix}0.3 & 0.4 & 0.2 & 0.1 & 0\\0.2 & 0.3 & 0.3 & 0.1 & 0.1\\0.4 & 0.2 & 0.3 & 0.1 & 0\\0.6 & 0.2 & 0.2 & 0 & 0\\0.3 & 0.4 & 0.2 & 0.1 & 0\end{bmatrix}$$

$$\boldsymbol{R}_2=\begin{bmatrix}0.2 & 0.4 & 0.1 & 0.2 & 0.1\\0.3 & 0.4 & 0.2 & 0.1 & 0\\0.3 & 0.3 & 0.2 & 0.1 & 0.1\\0.2 & 0.4 & 0.2 & 0.1 & 0.1\\0.4 & 0.3 & 0.1 & 0.1 & 0.1\\0.3 & 0.4 & 0.1 & 0.1 & 0.1\end{bmatrix}$$

$$\boldsymbol{R}_3=\begin{bmatrix}0.6 & 0.2 & 0.1 & 0.1 & 0\\0.5 & 0.2 & 0.2 & 0 & 0.1\end{bmatrix}$$

评价体系各子集的各项因子的权重分别为:

$$\tilde{\boldsymbol{A}}=[0.4055\quad 0.4796\quad 0.1149]$$

$$\tilde{\boldsymbol{A}}_1=[0.1226\quad 0.2123\quad 0.0645\quad 0.0399\quad 0.5607]$$

$$\tilde{\boldsymbol{A}}_2=[0.1678\quad 0.1142\quad 0.0664\quad 0.2049\quad 0.2419\quad 0.2048]$$

$$\tilde{\boldsymbol{A}}_3=[0.2\quad 0.8]$$

通过进行矩阵的乘法运算,可以得到各子集 U_i 的综合性评价结果:

$$\tilde{\boldsymbol{B}}_1=\tilde{\boldsymbol{A}}_1\times\boldsymbol{R}_1=[0.2972\quad 0.3579\quad 0.2277\quad 0.096\quad 0.0212]$$

$$\tilde{\boldsymbol{B}}_2=\tilde{\boldsymbol{A}}_2\times\boldsymbol{R}_2=[0.2869\quad 0.3692\quad 0.1386\quad 0.1167\quad 0.0886]$$

$$\tilde{\boldsymbol{B}}_3=\tilde{\boldsymbol{A}}_3\times\boldsymbol{R}_3=[0.52\quad 0.2\quad 0.18\quad 0.02\quad 0.08]$$

根据上述计算结果,得到最终的综合评价矩阵:

$$\boldsymbol{R}=\begin{bmatrix}\tilde{\boldsymbol{B}}_1\\ \tilde{\boldsymbol{B}}_2\\ \tilde{\boldsymbol{B}}_3\end{bmatrix}=\begin{bmatrix}0.2972 & 0.3579 & 0.2277 & 0.096 & 0.0212\\ 0.2869 & 0.3692 & 0.1386 & 0.1167 & 0.0886\\ 0.52 & 0.2 & 0.18 & 0.02 & 0.08\end{bmatrix}$$

$$\tilde{\boldsymbol{B}}=\tilde{\boldsymbol{A}}\times\boldsymbol{R}=[0.3179\quad 0.3452\quad 0.1795\quad 0.0972\quad 0.0602]$$

根据隶属函数最大值的原则,对基于 W-OH 的凝胶固化修复技术的生态修复效果进行评价,其修复效果的等级为“良好”。

通过同样的方法,对基于 W-OH 的凝胶固化修复技术的对照技术(喷播植草技术)和人造抗侵蚀有机基质层修复技术及其对照技术(CF 网喷灌植草技术)进行综合评价,评价的结果如表 9-10 所示。

不同技术边坡生态修复效果模糊综合评价结果　　表 9-10

生态修复技术	综合评价结果				
	优秀	良好	中等	较差	差
基于 W-OH 的凝胶固化修复技术	0.3179	0.3452	0.1795	0.0972	0.0602
喷播植草技术	0.2152	0.2541	0.2946	0.1763	0.0617
人造抗侵蚀有机基质层修复技术	0.3754	0.2318	0.2121	0.1093	0.0729
CF 网喷灌植草技术	0.2569	0.3673	0.1953	0.1202	0.0631

从表 9-10 的综合评价结果可以看出,在 4 种边坡技术中,采用人造抗侵蚀有机基质层修复技术的修复效果为“优秀”,采用基于 W-OH 的凝胶固化修复技术和 CF 网喷灌植草技术的修复效果为“良好”,采用喷播植草技术的修复效果为“中等”。分别对比土质边坡及土石混杂边坡,土质边坡的基于 W-OH 的凝胶固化修复技术修复效果为“良好”,优于喷播植草技术的“中等”;土石混杂边坡的人造抗侵蚀有机基质层修复技术修复效果为“优秀”,优于 CF 网喷灌植草技术的“良好”。说明本研究的两种新型边坡生态修复技术对红黏土边坡的生态修复效果显著,且均强于传统修复技术的修复效果,可以用于亚热带多雨区红黏土边坡的生态修复工作。

第 10 章　结论与展望

10.1　结　　论

亚热带多雨地区公路边坡存在着抗冲刷性能差、土壤养分含量低和坡面水土流失严重等问题,采用传统生态修复技术开展边坡生态修复无法有效地解决上述问题,部分技术还存在着材料降解困难污染生态环境等问题。

考虑到亚热带多雨区公路边坡的特点及现有公路边坡生态修复技术与材料的不足,本研究以生态学原理和植物护坡理论为基础,根据亚热带多雨区红黏土边坡的病害特征,针对红黏土土质边坡、土石混杂边坡及石质边坡,引入 W-OH、人造壤土剂和抗侵蚀固土剂三种新型功能材料代替传统材料,分别开展了室内正交试验和现场应用及对比试验研究,提出了基于 W-OH 的凝胶固化修复技术、人造抗侵蚀有机基质层修复技术和基于废旧资源再利用的石质边坡生态修复技术三种新型生态修复技术,研究确定了 W-OH、人造壤土剂和抗侵蚀固土剂三种材料分别用于红黏土土质边坡及土石混杂边坡生态修复的最佳基材配比方案,探讨了两种新型修复技术在实际工程现场的使用效果,并与喷播植草和 CF 网喷灌植草两种传统修复技术进行对比,同时从生态效益及固土效益角度进行评估,基于室内外试验结果建立了生态修复效果综合评价模型,从植生效益、土壤改良效益和经济与可行性三个方面对新型边坡生态技术的修复效果进行了综合评价。

结合亚热带多雨区土质边坡和土石混杂边坡的特点,提出了新型功能基材的组成：土质边坡的新型生态修复技术基材为保水剂、植物纤维、泥炭及 W-OH 材料，土石混杂边坡的新型生态修复技术基材为保水剂、黏合剂、泥炭、抗侵蚀固土剂和人造壤土剂，石质边坡的废旧资源再利用生态修复技术基材为种植土、腐殖土、稻壳（锯末、椰丝）、复合肥、保水剂及黏结剂。其中，基于 W-OH 的凝胶固化修复技术的基质配比方案为：种子 15～23g/m^2、复合肥 100g/m^2、保水剂 5g/m^2、植物纤维250g/m^2、泥炭 6L/m^2、W-OH 材料 0.12L/m^2、无纺布 30g/m^2；人造抗侵蚀有机基质层修复技术的基质配比方案为：促生层，人造壤土剂 0.3kg/m^2、保水剂 4g/m^2、黏合剂 5g/m^2、种植土 20L/m^2、复合肥 60g/m^2、种子 10～13g/m^2；防侵蚀层，抗侵蚀固土剂 0.6kg/m^2、复合肥 30g/m^2、种子 10～13g/m^2；无纺布 30g/m^2。

对基于 W-OH 的凝胶固化修复技术和人造抗侵蚀有机基质层修复技术两种技术进行现场实验研究，论证了两种新型修复技术对亚热带多雨区红黏土土质边坡及土石混杂边坡的适用性，同时通过植物生长 60d、90d 和 120d 的跟踪观测和指标采集试验，从生态效益（植物生长效益及土壤改良效益）和固土效益（根土复合体力学性能、土壤抗冲刷性、土壤抗蚀性）两方面与喷播植草技术和 CF 网喷灌植草技术这两种传统常用技术分别进行了对比。

对于土质边坡，采用基于 W-OH 的凝胶固化修复技术的试验边坡的植物密度均略高于采用喷播植草技术的边坡，最大差异为 13 株/m^2，说明 W-OH 形成的凝胶固化层对于避免种子被冲刷及促进植物发芽生长的效果更为优异；采用基于 W-OH 的凝胶固化修复技术的边坡的植物覆盖度高于采用喷播植草技术的边坡的植物覆盖度，差值为 1%～2%，说明相比于喷播植草技术，基于 W-OH 的凝胶固化修复技术可以促进植物生长，更快地实现坡面的全面覆盖；采用基于 W-OH 的凝胶固化修复技术的试验边坡的植物均匀度均优于采用喷播植草技术的边坡，结合株高和密度数据，在采用喷播植草技术的边坡上植物生长相对缓慢，均匀度不佳;基于 W-OH 的凝胶固化修复技术的生物量平均日增长值为 4.62g/m^2,略高于喷播植草技术的 4.26g/m^2;基于 W-OH 的凝胶固化修复技术与喷播植草技术对土壤碱解氮、速效磷和速效钾含量的影响不大,土壤有机质含量差异不明显,表明在这两种技术作用下,植物对氮元素的吸收利用速率一致,且对坡体保肥效果改良的差异不明显;采用基于 W-OH 的凝胶固化修复技术,根土复合体的凝聚力为 21.2kPa,略高于喷播植草技术的 20.6kPa,植物根系生长与地面部分生长一致;基于 W-OH的凝胶固化修复技术在各阶段的抗蚀系数提高量均高于喷播植草技术的抗蚀系数提高量,且最低提高量为 17.1%,对土体抗蚀性的改善十分明显。

对于土石混杂边坡,采用人造抗侵蚀有机基质层修复技术的试验边坡的植株密度与采用 CF 网喷灌植草技术的试验边坡的植株密度差异增大;植物覆盖度差异不明显,但两种技术对于植物生长的促进作用均较为显著;植物均匀度对两种修复技术的 2 次评分均相同,表明植物生长速度一致;人造抗侵蚀有机基质层修复技术的生物量平均日增长量为 7.53g/m^2,明显高于 CF 网喷灌植草技术的 5.68g/m^2,且在对植物生长的促进作用方面,两种修复技术在土石混杂边坡的应用效果强于在土质边坡的应用效果;采用人造抗侵蚀有机基质层修复技术的边坡的土壤碱解氮含量显著高于采用 CF 网喷灌植草技术的边坡的土壤碱解氮含量,极大值为 60d 时的 32.97mg/kg,说明人造抗侵蚀有机基质层修复技术对土壤养分的改良效益高于 CF 网喷灌植草技术;人造抗侵蚀有机基质层修复技术的速效磷和速效钾含量均高于 CF 喷灌植草技术,说明本技术的基质材料中的部分成分对边坡土体的养分改良效果明显;人造抗侵蚀有机基质层修复技术的根土复合体凝聚力为 24.8kPa,相比于 CF 网喷灌植草的 21.8kPa 有较为明显的提升,抗剪强度的提高最为明显;在各阶段,人造抗侵蚀有机基质层修复技术的土壤抗蚀系数提高量均高于 CF 网喷灌植草技术,最低提高量为 8.1%,对土体抗蚀性的改善十分明显,说明该技术能够保证植物种子免受冲刷,同时促进植物的快速生长。

采用层次分析和模糊综合评价相结合的方法,建立边坡生态修复效果综合评价模型,对基于 W-OH 的凝胶固化修复技术及人造抗侵蚀有机基质层修复技术两种新型技术,和对应的喷播植草及 CF 网喷灌植草两种传统技术,进行了综合对比评价。评价结果表明,不同的边坡修复技术的修复效果均为中等以上;人造抗侵蚀有机基质层修复技术的修复效果为优秀,这与抗侵蚀固土剂及人造壤土剂材料的防侵蚀和促生作用密切相关;基于 W-OH 的凝胶固化修复技术和 CF 网喷灌植草技术的修复效果为良好;喷播植草技术的修复效果为中等。新型技术的修复效果均强于传统技术,表明基于 W-OH 的凝胶固化修复技术和人造抗侵蚀有机基质层修复技术应用于亚热带多雨区公路边坡的生态修复完全可行,可进一步推广应用。

本书开展的研究具有以下特点:

①突破传统生态修复技术存在的植物生长环境营造困难、施工工艺返工率高、植物长期生长效果差、施工成本较高、材料不降解污染环境等局限性,针对华南多雨区的气候特征和红黏土边坡的特性,基于 W-OH 功能材料,形成适用于土质边坡的基于 W-OH 的凝胶固化修复技术,解决了华南多雨区红黏土边坡坡面抗冲刷性能差和生态修复过程中种子易被冲刷的问题。

②引入抗侵蚀固土剂和人造壤土剂,研究形成适用于土石混杂边坡的人造抗侵蚀有机基质层修复技术,解决了华南多雨区红黏土坡面土壤养分不足和水土流失严重的问题。

③结合常规的传统喷播植草技术和 CF 网喷灌植草技术,从植生效益和土壤改良效益两方面,就基于 W-OH 的凝胶固化修复技术和人造抗侵蚀有机基质层修复技术两种新型生态修复技术与传统技术的修复效果开展差异性对比研究,通过建立综合评价模型对不同生态修复技术的修复效果进行综合评价。

10.2 展　　望

本书针对亚热带多雨区公路边坡的生态修复问题，引入了 W-OH、人造壤土剂和抗侵蚀固土剂三种功能材料，形成了基于 W-OH 的凝胶固化修复技术、人造抗侵蚀有机基质层修复技术及基于废旧资源再利用的石质边坡生态修复技术三种新型技术，是将新型功能材料用于边坡生态修复的一次尝试，在广东省惠清绿色公路典型示范工程实践中取得了良好效果，验证了新型技术的可行性。但由于时间所限，该研究方向仍有待未来进一步深入研究。

在"碳中和"、"交通强国"和"绿色交通"战略的推动下，特殊气候和地质区域的公路边坡生态修复研究将成为边坡创面恢复方向的研究热点，未来大有可为。研发不同的边坡生态修复技术，针对性地解决我国不同气候和地质条件区域的实际需求；开发新型环保型材料，提升边坡生态修复技术的有效性和高效性；结合智慧交通平台，利用新一代信息技术为边坡生态修复研究提供数据支撑；研发边坡生态修复过程的动态场景演化模型，实现边坡生态修复的动态效果评估等，这些都是未来边坡创面生态修复研究的关键问题。

笔者期待与读者和业界同仁一起努力，共同发展公路边坡生态修复技术，促进绿色公路建设，用科技成果推动我国绿色交通事业的快速发展。

参 考 文 献

[1] 决胜全面建成小康社会　夺取新时代中国特色社会主义伟大胜利：中国共产党第十九次全国代表大会在京开幕　习近平代表第十八届中央委员会向大会作报告[J].思想政治工作研究,2017(11):4-7.

[2] 交通部公路司.新理念公路设计指南[M].北京:人民交通出版社,2005.

[3] 毛文碧.公路路域生态学[M].北京:人民交通出版社,2009.

[4] 陈兵.公路生态工程学[M].北京:人民交通出版社,2011.

[5] MOORISH R H, HARRISON C M. The establishment and comparative wear resistance of various grasses and grass-legume mixtures to vehicular traffic[J]. Highway Research Board Roadside Development Committee Reports, 1948, 40(2):168-179.

[6] GOODMAN R E. Methods of geological engineering in discontinuous rocks [M]. New York: West Group, 1976.

[7] MCELROY M T, RIEKE P E, MCBURNEY S L. Utilizing plant growth regulators to develop a cost efficient management system for roadside vegetation[J]. Retarders, 1984.

[8] 崔悦.常春油麻藤在广西高速公路岩质边坡生态修复中的应用探讨[D].南宁:广西大学,2018.

[9] 半田真理子,石冢健彦,饭冢康雄,等.日本公路绿化技术展望[J].山东交通科技,1997(2):89-90.

[10] 李旭光,毛文碧.日本的公路边坡绿化与防护:1994 年赴日本考察报告[J].公路交通科技,1995,12(2):59-64.

[11] QIN X C, NI A C, ZHANG N, et al. Erosion control and growth promotion of

W-OH material on red clay highway slopes: a case study in south China [J].Sustainability,2021,13(3).

[12] XIONG M,SUN R,CHEN L.Effects of soil conservation techniques on water erosion control: a global analysis[J].Science of The Total Environment,2018,645:753-760.

[13] JIA C,SUN B P,YU X,et al.Analysis of runoff and sediment losses from a sloped roadbed under variable rainfall intensities and vegetation conditions[J].Sustainability,2020,12(5):2077.

[14] JIA C,SUN B P,YU X,et al.Evaluation of vegetation restoration along an expressway in a cold,arid,and desertified area of China[J].Sustainability,2019,11(8):2313.

[15] KIM H H,KIM C S,JEON J H,et al.Performance evaluation and field application of red clay green roof vegetation blocks for ecological restoration projects[J].Sustainability,2017,9(3): 357.

[16] NIU F,GAO Z,LIN J,et al.Vegetation influence on the soil hydrological regime in permafrost regions of the Qinghai-Tibet Plateau,China[J].Geoderma,2019,354:113892.

[17] HU L,SHAN Y,CHEN R,et al.A study of erosion control on expressway embankment sideslopes with three-dimensional net seeding on the Qinghai-Tibet Plateau[J].Catena,2016,147:463-468.

[18] HUANG W,LIU Z,ZHOU C,et al.Enhancement of soil ecological self-repair using a polymer composite material[J].Catena,2020,188:104443.

[19] GILAZGHI S T,HUANG J,REZAEIMALEK S,et al.Stabilizing sulfate-rich high plasticity clay with moisture activated polymerization[J].Engineering Geology,2016,211:171-178.

[20] LIU J,SHI B,GU K,et al.Effect of polyurethane on the stability of sand-clay mixtures[J].Bulletin of Engineering Geology & the Environment, 2012,71(3):537-544.

[21] LIU J,SHI B,JIANG H,et al.Research on the stabilization treatment of

clay slope topsoil by organic polymer soil stabilizer[J].Engineering Geology,2011,117(1-2):114-120.

[22] 刘世波.降水入渗条件下红粘土边坡稳定性研究[D].青岛理工大学,2014.

[23] 张俊云,周德培.厚层基材喷射植被护坡植物选型设计研究[J].水土保持学报,2002,16(4):163-165.

[24] ZHANG Z,WANG T,WU S,et al.Dynamics characteristic of red clay in a deep-seated landslide,Northwest China:an experiment study[J].Engineering Geology,2018,239:254-268.

[25] MAHALINGA-IYER U,WILLIAMS D J.Engineering properties of a lateritic soil profile[J].Engineering Geology,1991,31(1):45-58.

[26] RUPRECHT J K,SCHOFIELD N J.Infiltration characteristics of a complex lateritic soil profile[J].Hydrological Processes,1993,7(1):87-97.

[27] OSINUBI K J,NWAIWU C M O.Hydraulic conductivity of compacted lateritic soil[J].Journal of Geotechnical and Geoenvironmental Engineering,2005,131(8):1034-1041.

[28] AMADI A A.Hydraulic conductivity of residual lateritic soil permeated with organic chemicals[J].International Journal of Environment And Waste Management,2013,12(4):355-363.

[29] BUSARI A A,AKINWUMI I I,AWOYERA P O,et al.Stabilization effect of aluminum dross on tropical lateritic soil[J].International Journal of Engineering Research in Africa,2018,39:86-96.

[30] XU G,DING X,KURUPPU M,et al.Research and application of non-traditional chemical stabilizers on bauxite residue (red sand) dust control,a review[J].Science of the Total Environment,2018,617:1552-1565.

[31] SHEN H,ZHENG F,WEN L,et al.Impacts of rainfall intensity and slope gradient on rill erosion processes at loessial hillslope[J].Soil and Tillage Research,2016,155:429-436.

[32] GAO Q F, ZENG L, SHI Z N. Effects of desiccation cracks and vege-

tation on the shallow stability of a red clay cut slope under rainfall infiltration[J]. Computers and Geotechnics, 2021,140:104436.

[33] 中华人民共和国水利部.土工试验规程:SL 237—1999[S].北京:中华人民共和国水利部,1999.

[34] 王宏祥.红粘土路堑边坡防护的稳定性分析[D].长沙:长沙理工大学,2011.

[35] HARM A.Database system of design techniques with knowledge based system for selecting slope protection method[J].Journal of Applied Computing in Civil Engineering,1997:21-30.

[36] Bordoloi S, NG C W W. The effects of vegetation traits and their stability functions in bio-engineered slopes: a perspective review[J]. Engineering Geology, 2020, 275(10):105742.

[37] TANG W, MOHSENI E, WANG Z Y. Development of vegetation concrete technology for slope protection and greening[J]. Construction and Building Materials, 2018, 179: 605-613.

[38] LI S F, LI Y W, SHI J L, et al. Optimizing the formulation of external-soil spray seeding with sludge using the orthogonal test method for slope ecological protection[J]. Ecological Engineering, 2017,102: 527-535.

[39] 姚鑫.植物根系对红粘土边坡的加固效应研究[D].合肥工业大学,2017.

[40] PERIS P M,CASTILLA GÓMEZ J,HERBERT J H,et al.Ecological restoration of a former gravel pit contaminated by a massive petroleum sulfonate spill[J].Ecological Engineering,2017,100:73-88.

[41] LI Y F,LI Z,WANG Z Y,et al.Impacts of artificially planted vegetation on the ecological restoration of movable sand dunes in the Mugetan Desert[J].International Journal of Sediment Research,2017,32(2):277-287.

[42] 顾卫,江源,余海龙.人工坡面植被恢复设计与技术[M].北京:中国环境科学出版社,2009.

[43] 张俊魁,高海鹰,梁止水.W-OH 改性砒砂岩水理性能试验研究[J].

水土保持通报,2018(1):1-4.

[44] 梁止水,吴智仁,杨才千,等.基于W-OH的砒砂岩抗蚀促生机理研究[J].水利学报,2016,47(09):1160-1166.

[45] 肖本林.高速公路生态护坡机理与试验及其应用研究[D].长沙:中南大学,2011.

[46] ZHANG M, HU D, FAN J. Study on the application of vegetation protection and ecological restoration technology in stone slope[J]. IOP Conference Series: Earth and Environmental Science, 2020, 510(4):042024.

[47] 刘治兴.高速公路边坡植物不同生长期防护效果研究[D].北京林业大学,2016.

[48] 刘颖圣,刘文苑,闫邱杰.浅谈栽培基质和植物在华南地区轻型绿色屋顶中的选择及应用[J].现代园艺,2019(22):125-127.

[49] CHEN Y, LI B, XU Y, et al. Field study on the soil water characteristics of shallow layers on red clay slopes and its application in stability analysis [J]. Arabian Journal for Science and Engineering, 2019, 44: 5107-5116.

[50] LIU Y, CHEN K S, LIU M F, et al. Study on failure of red clay slopes with different gradients under dry and wet cycles[J]. Bulletin of Engineering Geology and the Environment, 2020(2): 1-16.

[51] 屈儒敏,梅世龙.红土与红粘土[J].水文地质工程地质,1987(3):17-21.

[52] 李振.干湿循环下红粘土边坡稳定性评价方法研究[D].贵阳:贵州大学,2018.

[53] FANG W. Regional stability analysis of red clay slope based on different failure modes: a case study in Taizaifu Area, Fukuoka[J]. Advances in Civil Engineering, 2019, 2019(9): 1-11.

[54] 李洪远,鞠美庭.生态恢复的原理与实践[M].北京:化学工业出版社,2005.

[55] FU H, ZHA H, ZENG L, et al. Research progress on ecological protection technology of highway slope: status and challenges[J]. Transportation Safety and Environment, 2020, 2(1): 3-17.